통일, 가지 않은 길로 가야만 하는 길

초판 1쇄 발행 2015년 4월 29일

지은이 손기웅
펴낸곳 (주)늘품플러스
펴낸이 전미정
책임편집 이동익
디자인 박동훈
출판등록 2008년 1월 18일 제2-4350호
주소 서울 중구 필동1가 39-1 국제빌딩 607호
전화 02-2275-5326
팩스 02-2275-5327
이메일 go5326@naver.com
홈페이지 www.npplus.co.kr
ISBN 978-89-93324-81-5 03340
정가 14,000원

ⓒ손기웅, 2015

 늘품은 항상 발전한다는 순수한 우리말입니다.

통일,

가지 않은 길로

가야만 하는 길

손기웅 저

늘품플러스

生의 동반자 **송 주 은** 에게

글순서

머리말

　독일통일이 "우리에게 주는 의미는 한국이 정치적 민주화뿐만 아니라, 경제적, 그리고 사회적 민주화의 진행을 더욱 재촉하여야 한다는 것이다. 이렇게 될 때 한국은 통일에의 유인력을 더욱 더 가질 수 있게 되며, 이것을 북한 주민이 깨달을 때 그들은 동력화할 것이다. 궁극적으로 통일에의 힘은 북한 주민으로부터 분출되어야 한다. 이를 위해 그들의 눈과 귀를 열어주어야 하며, 한국은 그들의 지향점임을 보여주어야 하는 것이다.

　변화되는 국제환경 속에서 북한은 어떤 식으로든 변화할 것이다. 이 변화를 우리가 원하는 방향으로 이끌고자 한다면 체제경쟁이 끝이 난 현 상황 하에서 그 동기는 바로 우리로부터 나와야 할 것이며, 우리가 북한에 기대하는 그 이상을 그들에게 보여주어야 한다. 냉전종식은 북한에 뿐만 아니라 우리에게도 영향을 미치고, 우리의 변화를 기다리고 있는 것이다." ("냉전 종식이 북한에 미친 영향에 관한 연구", 『탈냉전시대의 북한과 주변4국 간의 관계변화 및 전망』, 한국국제정치학회, 1993, p. 178)

북한주민의 자발적 선택에 의한 자유민주주의 체제로의 평화적 통일이 나의 신념이고, 귀국 후 학자로서 처음으로 발표한 위 글 속에 담은 소신은 지금까지 변함이 없다.

베를린장벽 붕괴 체험 25년, 통일연구원 입사 20년을 맞은 지난해에 국가성장과 통일에 관한 나의 생각을 가다듬어 보고자 했다. 그간 의도적으로, 자연적으로 혹은 요청에 의해 다양한 지면을 통해 발표한 칼럼들에 ≪환경일보≫에 집중적으로 연재한 글들을 더했다.

글은 역사로 남되, 항상 현실이다. 오탈자의 수정 외에 가감 없이 그대로 밝혀 시·공간에 구애 없이 나 자신을 심판 받고자 한다. 그리고 통일의 길, 아무도 가지 않은 그 길을 끝까지 가려는 채찍으로 삼는다.

통일연구원이 수유리 시대를 닫는 날, 북한산기슭 연구실에서

2015년 3월 30일 손 기 웅

맑버타ㅇ

1989년 11월 9일 밤 베를린장벽 붕괴를 현장에서 체험하고, 11일 다시 찾아 가족과 기록으로 남겼다. 후에 태어난 둘째와 더불어 현재 두 아이 모두 독일에서 공부하고 있다.

대선 후보자들이
명심해야 할
대북정책 방향

제18대 대통령직을 두고 대선 후보자들 간에 정책공방이 막 시작될 즈음, 통일정책과 대북정책의 관점에서 김영삼, 김대중, 노무현, 이명박 정부를 겪고 느끼고 깨달은 바를 제안했다. 대통령이 통일비전을 과연 가지고 있느냐, 어떠한 통일비전을 가져야 하는가?

대통령선거 후보자들이 정책대결을 앞두고 있다. 그들이 통일과 대북정책을 구상하면서 명심해야 할 것들이 있다.

첫째, 통일을 염두에 둔 국가전략과 대북정책을 수립해야 한다. 통일을 반드시 해야 하는 이유는 이산가족의 상봉이나 민족의 재통일에만 국한되지 않는다. 분단 상태가 지속되는 한 우리는 정치적으로 주변국의 눈치를 볼 수밖에 없고, 군사적으로 미국의 도움에 의존할 수밖에 없다. 항상 전쟁의 위험 속에서 절름발이 경제를 운영해야 하며, 해외투자와 국가적 신인도도 남북관계에 영향을 받는다. 남북의 이념대립이 우리 사회에 투영되어 남남갈등도 끊이지 않을 것이다.

통일이 되어야 우리는 정치·군사적으로 완전한 자주권을 누릴 수 있고, 8,000만 명에 육박하는 인구로 G7 진입의 꿈도 현실화할 수 있으며, 사회통합도 진척을 볼 수 있다. 우리가 잘 살기 위해서 통일은 절대적이다. 따라서 대북·통일 정책이 아니라 통일·대북 정책을 국가전략의 중심에 두어야 한다.

둘째, 헌법에 명시된 자유민주주의에 바탕을 둔 평화통일의 실현을 위해서는 북한 주민이 우리 사회를 스스로 받아들여야 한다. 그들이 북한체제와 우리를 비교·판단해 스스로 우리와 함께하려는 움직임을 일으켜야만 하고, 인민군이 무기를 내려놓고 북한 주민 대다수가 우리와 통일을 원한다고 소리치고 일어서야만 한다. 이것이 유일한 평화통일의 방안이다. 우리가 아무리 선진 민주사회를 만들고 평화통일을 염원해도 북한 주민들이 우리 사회를 받아들이지 않으면 이뤄지지 않는다.

셋째, 통일의 가능성은 남북 간의 국력차이가 크면 클수록 높아진다. 우리의 공식적인 「민족공동체통일방안」은 남북교류협력을 고도화하는 과정에서 '화해협력 → 남북연합 → 통일'의 3단계를 내용으로 한다. 그것이 가장 이상적이고 또 실천가능하다. 그러나 다른 한편으로 북한이 남북교류협력, 혹은 국제적 지원이나 협력을 통해 먹고 살 만해지고 안정이 되면, 우리와의 통일보

다 독립국가로서 지속하거나 오히려 적화통일을 시도할 가능성
도 더 크다. 따라서 평화적인 통일의 진전구도인 「민족공동체통
일방안」에 입각하되, 통일을 평화적으로 만들어 가는 압축적인 방
안도 강구해야만 한다.

넷째, 헌법정신에 따라 북한 주민도 우리 국민으로 간주해 그
들의 삶에 적극적인 관심을 기울여야 한다. 대한민국만이 한반
도의 유일한 정통성이 있는 정부라고 주장하기에는 유엔에 남북
이 동시가입하고 있는 현실에서 다툼의 여지가 있다. 한반도 모든
주민들의 삶과 인권에 관심을 기울이는 유일한 정부를 실천하면
서, 북한 주민들이 이를 체감하도록 해 북한정권이 아니라 대한
민국에 희망을 가지도록 해야 한다.

마지막으로 북한 주민들의 눈과 귀를 열게 하고 우리 마음을
전할 수 있는 대북정책을 펼쳐야 한다. 자신의 체제와 삶을 바깥
세계와 비교하고, 인간다운 삶이 무엇인지를 깨닫게 하기 위해서
는 그들의 눈과 귀를 뜨게 해야 한다. 이를 위해서 접촉과 교류협
력을 부단히 추진해야 한다. 우리의 압도적인 경제력을 바탕으로
남북경협을 전면 확대하고, 사회문화 교류협력도 적극 추진해야
한다.

경협은 우리 경제에도 도움이 되고, 사회문화협력은 이질성을
극복하고 동질성을 높일 수 있다. 다만 북한 주민과의 인적 접촉
과 교류가 확대되는 방향으로, 현금지급은 가급적 줄이고 현물지
급이나 청산결제를 활용해야 할 것이다. 북한 주민의 삶에 도움
이 되고, 우리의 마음을 전할 수만 있다면 적절한 투명성을 전제
로 인도적 지원을 과감하게 전개해야 한다.

북한 주민을 중심에 두고 대한민국이란 희망을 심는 통일·대북

정책이 전개될 때 인간다운 삶의 실현을 위한 북한 주민들의 선택은 생각 이상으로 앞당겨질 수 있다. 다음 정부의 집권기간이 그 시기가 될 수도 있다.

≪한국일보≫ 2012년 9월 27일자

통일,
가지 않은 길로
가야만 하는 길

> 2015년은 광복과 분단 70년, 한국전쟁 발발 65년이 되는 남다른 해다. 국가를 성
> 장시키면서 통일로 가야만 하는, 누구도 가지 않은 미지의 험난한 여정이지만 결단
> 코 끝까지 가야만 할 그 길을, 모두의 마음속에 심고 싹 틔우고자 소망한다.

2015년. 분단 70년, 전쟁 65년을 맞는다. 수많은 선열들이 자유,
민주주의, 통일을 위하여 산화하셨다. 그분들은 분단선의 변화를
위해 자신들의 목숨을 바쳤다. 그 덕택에 오늘의 행복을 누리는
우리는, 그 분단선을 있는 그대로, 변화될 수 없는 견고한 현실로

만 받아들이고 있는 것은 아닐까? 변화시킬 수 있다는, 변화시켜야만 한다는 선열들의 의지와 희망을 잊은 건 아닐까?

우리는 통일을 일궈내야 한다. 통일을 국내적으로 준비하고, 국제적으로 지지와 힘을 얻어, 남북관계에서 결실을 맺어야 한다. 그 기본은 통일을 제대로 잘 준비하는 일이다. 통일을 어떻게 준비해야 할 것인가?

첫째, 무엇보다 우선 '통일준비'가 무엇이며, 통일준비를 어떻게 해야 할 것인가를 구체적으로 정립하고, 이를 국민 모두에게 알려야 한다. 특히 통일준비를 주도적이고 구체적으로 실행할 중앙정부, 지방정부는 물론, 주요 공기업에게 통일준비란 무엇이고, 그것을 이행하기 위한 정책과 지침이 무엇인지 구체적으로 만들어 제시해야 한다. 또 정책과 지침들이 실행 및 준수되고 있는지를 상시적으로 점검·평가해 통일준비능력을 지속적으로 제고할 수 있는 방안도 만들어야 한다. 부처별, 기관별 협력의 틀은 기본이고 공적인 국제적 연대와 협업체제의 구축도 마련해야 한다.

이를 바탕으로 시민사회와 민간기업과도 통일준비를 함께 논의하고, 함께 만들어 가는 노력을 전개해야 한다. 국민 개개인이 통일준비라는 가치관을 형성하고, 그것에 기초하여 각자가 삶 속에서 통일준비의 방향으로 행위로서 실천할 수 있도록, 통일준비를 일상 생활화 할 수 있는 토대를 만들어야 한다.

둘째, 통일방안에 대한 국민적 합의와 공감대를 형성해야 한다. 헌법 제4조 통일조항은 자유민주주의에 기초한 평화통일을 추진해야 함을 명시하고 있다. 자유민주주의에 대한 확고한 신념과 그것이 통일한국의 이념적 정체성이 되어야 함을 국민 모두가 내재화하도록 다시 한 번 공론화해야 한다. 특히 헌법 절차에 의해 선거되고, 헌법의 준수를 선서한 국회의원들이 여당이든 야당이든 모두 자유민주주의에 입각한 통일한국을 지향할 것임을 국민 앞에 명확하게 밝히고, 이를 토대로 통일준비를 함께 논의하고 실천하도록 해야 한다.

자유민주주의에 입각한 평화적 통일의 추구라는 헌법을 존중하면, 우리가 통일을 달성할 수 있는 방법은 오직 한 길밖에 없다. 북한 주민들이 스스로 총을 내려놓고 우리 체제를 자발적으로 받아들이는 것이다. 그들이 우리 사회를 듣고 보고 느끼고, 그리고 우리와 함께 하기를 스스로 결단해 행동으로 옮기는 길밖에 없다. 북한 주민들의 눈과 귀를 열고 그들에게 우리 사회를 보여주기 위해서는 그들과 만나고 어울려야 한다. 북한을 흡수하는 것이 아니라, 북한 주민들이 자유롭고 자발적인 결정에 의해 우리 체제를 그들의 지향체제로 인식하고 받아들이게 하는 합의통일이자 평화통일이다. 이 통일의 길에 대한 국민 공감대가 깊숙하게 뿌리내려야 한다.

셋째, '억제'와 '협력'을 동시에 추진하는 '양면전략'(Dual Strategy)을 펼쳐야 한다. 북한 주민들이 우리 사회를 느끼고 보게 하는 길은 남북협력이다. 경제협력, 사회·문화·체육 등의 협력은 우리 국가를 성장시키는 길일뿐만 아니라, 통일을 이끌어 내는 길이기도 하다. 물론 북쪽 동포에 대한 인도적 지원도 이루어져야 한다.

북한이 군사적으로 도발하지 못하도록 예방할 뿐만 아니라, 도발할 경우에는 강력하게 응징할 수 있는 군사력을 갖추고 억제해야 함은 국가의 기본적인 책무다. 그러나 동시에 우리가 원하는 방향으로 북한을 변화시키기 위한 협력도 추진해야 한다. 억제는 국가안보를 지켜줄 수 있지만, 분단을 변화시킬 수는 없다. 협력은 분단을 변화시킬 수 있다.

북한이 도발하고, 도발을 계획한다고 여기에 우리가 억제로만 대응한다면, 그것은 북한의 꼬임에 빠지는 것이다. 남북 간 경제력이 40배 이상 차이가 나는 현재 상황에서 북한의 노림수는 현상유지, 즉 분단의 고착화, 체제안정을 위한 시간벌기다. 강력한 억제와 더불어 우리의 경제력을 창조적으로 활용해 북한의 변화를 이끌어 내기 위한 협력의 동시 추진, 양면전략이 대박을 창조할 수 있는 통일의 국가전략이 되어야 한다.

넷째, 국내적으로는 통일준비를 지속적으로 추진하면서 역량을 강화하는 한편, 대외적으로는 통일보다 '통합'을 소리 높여 추진하면서 국가를 성장시키는 동시에 통일에 유리한 환경을 조성하려는 통일외교전략을 마련해야 한다. 우리가 강력한 국가를 건설하기 위해서는 국제사회, 특히 주변국들과 제도적 차원에서 긴밀히 교류협력하는 '통합정책'(Integration Policy)을 펼쳐야 한다. 통합정책을 통해 국가성장에 필수적인 안보, 자본, 기술, 시장, 자원, 노동력, 토지 등을 확보해야 한다. 통일의 여건이 성숙되지 않은 상황에서 통일을 소리 높여 주변국들의 우려를 자아내기보다, 우선 대한민국이 동북아 역내에서 평화적으로 함께 번영할 수 있는 훌륭한 파트너 국가임을 확실하게 인식시키는 동시에 강력하게 성장시켜야 한다.

주변국들과의 통합정책과 더불어 남북 간에도 튼튼한 안보에 바탕을 둔 교류협력 활성화 정책도 동시에 추진해야 한다. 주변국의 입장에서 볼 때, 그들과 긴밀히 협력하고 있는 대한민국에 북한이 덧붙여져 활발한 협력관계가 형성되고 있는 한반도의 전체 상황이 동북아 역내의 평화적 상생에 무리가 없다고 판단된다면, 우리의 한반도 및 동북아 차원에서의 동시 통합정책 추진은 더욱 환영되고 탄력을 받을 수 있게 될 것이다.

그리고 이러한 대한민국과 대한민국의 정책에 대한 지지와 공감대를 바탕으로 하여 향후 남북 간의 교류협력이 전개되는 과정에서 하나의 민족, 하나의 국가를 형성하려는 남북 간의 의지가, 특히 북한 주민들의 의지가 표명되는 순간이 도래할 경우, 동북아국가들과 국제사회가 통일된 한반도라 할지라도 역내국가, 나아가 세계사회와 함께 평화적으로 상생할 수 있는 훌륭한 파트너가 될 수 있을 것이라는 인식을 굳게 하여 한반도통일을 축복하게 될 것이다. 통합정책을 통한 국가성장과 통일, 그 이론적 토대와 구체적 정책방향의 마련에 힘을 쏟아야 한다.

다섯째, 굳건한 한·미 동맹관계의 형성이다. 자유민주주의와 시장경제란 가치를 공유하고 있는 미국은 우리의 국가성장과 통일에 큰 도움이 될 수 있다. 통일 이전에 국가성장과 통일에 유리한 환경조성에 변함없는 우군이 될 수 있도록 미국과 굳건한 관계를 유지해야 한다. 동맹관계이자 지향하는 목표가 동일하기 때문에 대북정책에 있어서 단기적으로 나타날 수 있는 다름마저도 이해하고 지지해줄 수 있는 수준으로까지 한·미관계를 성숙시켜야 한다. 또한 통일과정에서 주변국들 및 국제사회가 자유민주주의에 입각한 한반도의 통일을 축복할 수 있도록 미국이 외교력을 발휘하도록 해야 한다. 미국과의 굳건한 유대를 바탕으로 중국과 러시아와 전략적 협력을 추진해야 하고, 그러할 때 전략적 유대관계의 실효성이 더욱 커질 것이다.

통일준비는 국가성장을 위해서, 한반도와 동북아의 공고한 평화를 위해서, 한민족의 인간다운 삶을 위해서 통일이 선택이 아니라 필수란 믿음에 기초해 국가를 새롭게 도약시키겠다는 국민적 의지다. 어렵지만 반드시 걸어가야만 할 좁은 길이다. 누구도 가지 않은 우리만의 길을 만들어 가면서 완주해야 할 모두의 길이다.

≪통일신문≫ 2015년 1월 5일자

자유민주주의,
통일의
기반과 동력

통일을 지향하는 과정에서 견지되어야 할 근본이 있다. 자유민주주의에 입각해 한반도에 통일국가를 건설하는 일이다. 통일국가의 명칭이 '통일한국', '대한민국', 혹은 다른 어떤 이름이건 간에 자유민주주의가 통일국가의 이념적 정체성이자 초석이 되어야 한다. 타협이나 양보의 대상이 아니다. 자유민주주의의 틀 안에서 우리는 우리가 원하는 사회를 만들어 왔고, 만들어 가야만 하며, 통일은 그 극적 심화를 위한 전기가 될 것이다.

통일된 국가의 이념적 정체성으로 자유민주주의를 어떻게 생각하는가? 최근 통일강연 시에 던진 질문이다. 대상은 중등학교 교사들이었고, 반응은 찬반의 수가 비슷했다. 학계의 중진들이 모인 토론에서도 자유민주주의가 통일국가의 이념이 되어서는 안 된다는 이야기가 자연스레 나온다. 반공시대에 만들어진 개념을 어떻게 남북이 함께해야 할 통일국가에 적용할 수 있다는 말인가, 우리 사회의 문제점이 얼마나 많은데 그 자유민주주의를 통일국가에까지 안고 가야 한다는 말인가 등등이 자유민주주의를 비판하는 논점이다.

자유민주주의가 무엇이고, 그것을 각자가 어떻게 이해하고 있는가를 논하기 전에, 자유민주주의를 기반으로 하고 있는 우리 사회에 많은 문제점이 존재하고 있는 현실에서도 자유민주주의가 통일국가의 이념이 되어서는 안 된다고 말할 수 있고, 우리 사회의 문제점을 격렬하게 외치고 토론할 수 있는 현실이 우리 사회 아닌가? 지금의 우리 사회가 헌법에 자유민주주의가 규정되었던 그 당시의 우리 사회인가? 얼마나 많은 자유화와 민주화를 그동안 우리는 진척시켜 왔으며, 그리고 자유민주주의의 기반 하에 앞으로 또 얼마나 가치 있는 사회를 만들어 갈 수 있지 않겠는가? 자유민주주의란 동일한 이름 아래 무엇을 얼마나 어떠한 결실을 맺을 것인가는 우리 자신에게 달린 것이 아닌가? 그 과정에서 통일이 이루어지고 보다 깊고 넓은 자유민주주의를 통일국가에서 이루고 이끌어 갈 수 있지 않겠는가?

자유민주주의에 대해 엇갈린 시각과 평가는 무엇보다 그 개념에 대한 이해에서 출발한다. 사실 민주주의에는 다양한 형태가 존재한다. '직접 민주주의'(direct democracy), '간접 민주주의'(indirect democracy), '풀뿌리 민주주의'(grass-roots democracy), '자유민주주의'(liberal democracy), '사회 민주주의'(social democracy), '인민 민주주의'(people's democracy), '의회제 민주주의'(representative democracy), '의회 민주주의'(parliamentary democracy), '대통령제 민주주의'(presidential democracy), '입헌 민주주의'(constitutional democracy), '합의제 민주주의' (consensus democracy), '포괄적 민주주의'(inclusive democracy), '세계시민적 민주주의'(cosmopolitan democracy), 심지어 '전자 민주주의'(electronic democracy) 등.

우리가 대한민국의 이념적 정체성, 통일국가의 이념적 지향성으로 헌법에 의거해 '자유민주적 기본질서'를 이야기할 때, 우리는 민주주의에 '자유'란 수식어가 붙은 또 하나의 민주주의를 떠올린다. 그것을 정의하고 이에 기초해 자신의 의견을 개진한다. 실제 자유민주주의에 대해 그동안 많은 논쟁이 존재했다. 'liberal democracy'로 이해하기도 하였다. 그러나 헌법에 규정된 자유민주주의를 올바로 이해하기 위한 하나의 준거틀이 그것에 대한 공식적인 영문표기이다.

법제처는 헌법 전문의 "자유민주적 기본질서를 더욱 확고히 하여"에서 자유민주적 기본질서를 "the basic free and democratic order"로, 그리고 통일조항인 제4조의 "자유민주적 기본질서에 입각한 평화적 통일정책"에서 자유민주적 기본질서를 "based on the principles of freedom and democracy"로 하고 있다. 즉 자유민주주의가 민주주의에 자유를 덧붙인 새로운 어떠한 민주주의가 아니라, 대한민국이 '자유'(freedom)와 '민주주의' (democracy)를 지향하고 기본가치로 삼는다는 의미다.

"남에게 구속을 받거나 무엇에 얽매이지 않고 자기 뜻에 따라 행동할 수 있는 상황", "국민이 권력을 가짐과 동시에 스스로 권리를 행사하는 정치 형태, 그리고 그러한 정치를 지향하는 사상", 즉 자유와 민주주의, 인류보편적 가치가 우리가 지향하는 인간다운 삶을 실현하고자 염원하는 통일된 국가의 이념적 정체성으로 과연 부족하단 말인가? 우리가 통일을 이루려는 궁극적 목적 가운데 가장 중요한 가치가 바로 자유와 민주주의가 아닌가? 세계가 최악의 인권유린국가로 결의한 북한의 주민들이 통일 없이 자유와 민주주의를 누릴 수 있을까?

물론 통일이 된다고 해서 자유와 민주주의가 고도로 실현될 수 있는가는 또 다른 차원의 화두다. 그러나 이념적으로는 물론, 정치·군사적으로 충돌하고 있는 현재의 분단 상황에서 우리가 추구하고 실현하려는 자유와 민주주의에 한계가 있음은 나와 너, 모두가 절실하게 체험하고 있는 현실이 아닌가? 통일이 되어서야 비로소 보다 넓고 깊은 차원에서의 자유와 민주주의를 주장하고 실현할 수 있는 실마리를 찾게 되는 것이 아닐까?

자유민주주의는, 자유와 민주주의는 인간다운 삶의 실현을 꿈꾸는 모든 이들의 방향타이자 가치고 지향점이다. 통일에 이르는 모든 도정에서 헌법에 명시된 자유민주주의에 대한 확고한 신념과 욕망이 통일을 앞당길 수 있는 기본 동력이다. 그 기본을 다시 깨닫고, 그 기본에 입각하여 통일의 창을 열어 나가야 한다.

≪통일신문≫ 2015년 2월 23일자

억제와
협력의
양면전략

> 국가성장의 길이 통일의 길이고, 통일의 길이 국가성장의 길이다. 국가성장의 길이
> 통일의 길이 되어야 하고, 통일의 길이 국가성장의 길이어야 한다. 이를 위해서 한
> 반도 전체를 경영한다는 국가비전을 가지고, 억제와 협력을 동시에 균형적으로 추
> 진해야 한다.

통일은 대박이다? 맞는 말이다. 통일이 되면 우리는 정치강국이
될 수 있다. 분단시기 남북 간 체제경쟁 속에서 우리는 주변국들
의 눈치를 볼 수밖에 없고, 지역적·세계적 차원에서의 정치적 역할
은 제한적일 수밖에 없다. 통일이 되면 우리는 군사적 자주권을

누릴 수 있다. 분단 속에서는 북한의 도발을 억제하기 위한 압도적인 군사적 우위를 점하기 위해서 미국에 군사적으로 의존할 수밖에 없다. 통일이 되면 우리는 전쟁의 공포 없이, 남북한의 인력, 토지, 자원, 기술, 시장을 활용해 10대 경제대국에 진입할 수 있다. 분단이 지속되면 반도가 아닌 남쪽만의 '섬'이 되어 절름발이 경제를 운영할 수밖에 없으며, 막대한 분단비용과 젊은 에너지가 창조적으로 사용될 수 없다. 통일이 되면 우리는 사회통합을 이룰 수 있다. 분단시기에는 남북 간 이념대결이 그대로 우리 사회에 투영되고, 북한이 여기에 개입함으로써 좌우대립은 끊일 수 없다.

통일독일이 역사적 증명이다. 통일된 독일은 국력에 걸맞은 정치력을 발휘해야 한다면서 유엔안전보장이사회 상임이사국의 자리를 공개적으로 요구하고, 세계무대에서 정치강국으로 활약하고 있다. 독일은 전쟁을 일으키는 행위에 대한 옳고 그름을 떠나 헌법을 개정하면서까지 해외에 전투병을 파견하고 있고, 지난 2003년 이라크전쟁 시에는 NATO의 맹주인 미국의 간곡한 요청에 'NO'라고 단호하게 응답하는 군사적 자주권을 보였다. 엄청난 통일비용이 들었지만, 그것을 바탕으로 통일독일은 현재 28개 EU 회원국이 생산하는 총 GDP의 약 1/3을 혼자서 차지하는 경제대국으로 성장했다. 그리스, 스페인 발 경제위기의 조타수가 미국이 아닌 독일임은 주지의 사실이다. 40년의 분단을 통해 조성된 동서독 주민 간의 심리적·정서적 이질감이 여전히 존재하고 있음은 사실이지만, 사회통합이 진전되고 있다. 통일 15년 만에 동독 출신의 여성이 연방총리가 되어 지금까지 국가를 이끌고 있다. 연방대통령도 동독 출신이며, 연방의회 의장, 축구국가대표팀 주장과 감독도 동독 출신을 거쳤다. 모두 분단시기에는 꿈도 꿀 수 없었던 상황들이다. 지난 24년 동안 정치, 군사, 경제, 사회적 초강대국으로 독일이 성장한 것이다. 통일이 대박일 수 있음을 보여준 것이다.

우리도 통일을 일궈내야 한다. 헌법 제4조는 "대한민국은 통일을 지향하며, 자유민주적 기본질서에 입각한 평화적 통일정책을 수립하고 이를 추진한다"고 명시하고 있다. 헌법을 바꾸지 않는 한 통일에 이르는 유일한 길은 북한 주민들이 우리 체제를 스스로 평화적으로 선택하는 것이다. 인민군들도 총을 내려놓고 우리와 함께하고 싶음을 몸으로 보여주어야 하는 것이다. 이러한 상황에 이르는 유일한 길은 북한 주민들에게 우리 체제를, 함께하려는 우리 마음을 지속적으로 끈기 있게 보여주는 것이다. 그리고 그들이 스스로 깨닫고 고뇌하고 결단하기를 기다려야 한다.

남북협력이 필수적인 이유가 여기에 있다. 우리 사회를 느끼게 하고 보여주는 길이 남북협력이다. 경제협력, 사회·문화·체육 등의 협력은 우리 국가를 성장시키는 길일뿐만 아니라, 통일을 이끌어 내는 유일한 길이기도 하다. 물론 북쪽 동포에 대한 인도적 지원도 이루어져야 한다.

북한이 군사적으로 도발하지 못하도록 예방할 뿐만 아니라, 도발할 경우에는 강력하게 응징할 수 있는 군사력을 갖추고 억제해야 함은 국가의 기본적인 책무다. 그러나 동시에 우리가 원하는 방향으로 북한을 변화시키기 위한 협력도 추진해야 한다. 억제는 국가안보를 지켜줄 수 있지만, 분단을 변화시킬 수는 없다. 협력은 분단을 변화시킬 수 있다.

북한이 도발하고, 도발을 계획한다고 여기에 우리가 억제로만 대응한다면, 그것은 북한의 꼬임에 빠지는 것이다. 남북 간 경제력이 현실적으로 40배나 차이가 나는 상황에서 북한의 노림수는 현상유지, 즉 분단의 고착화다. 강력한 억제와 더불어 우리의 경제력을 창조적으로 활용해 북한의 변화를 이끌기 위한 협력의 동시 추진, '양면전략'이 대박을 창조할 수 있는 통일로 가는 국가전략이 되어야 한다.

《환경일보》 2014년 1월 17일자

북 주민에
희망 심는 대북정책

김정일이 오래 살지 못할 것은 모두가 알고 있었다. 3대에 걸쳐 권력을 자식에게 물려주어야 했고, 경제난에 빠져 굶주림과 추위에 허덕이는 주민들에게 무엇이라도 나누어 주어야 하는 절박한 상황에 북한이 놓여 있다는 것도 모두가 알고 있었다. 그러한 상황에 우리의 대북 지렛대, 대북 영향력은 전무했다. 국력이 상대가 되지 않은 북한과 1 대 1의 평행선을 달렸다.

'신동방(新東方)정책'에 입각한 서독의 대동독정책과 우리의 햇볕
정책은 같은 출발선에서 시작됐다. 통일이 단기간 내에 현실화될
수 없는 여건 속에서 대립이 지속되면 민족 간 이질성은 커지고
공산주의 치하에 있는 동포들의 고통도 더욱 깊어질 것이다. 따

라서 가능한 한 많은 접촉을 통해 건너편 동포들의 삶을 개선시키고 그들의 눈과 귀를 열어 무엇이 옳고 그른지 느끼도록 하는 차원에서 둘은 동일한 목적을 가졌다.

그러나 결과는 다르게 나타났다. 서독은 동독정부와의 협상을 통해 동서독 주민들이 상호 방문할 수 있게 했고, 동독 주민들이 서독의 방송·라디오·신문을 보고 듣고 읽을 수 있게 했다. 협정을 통해 문화·과학기술·체육 등 다양한 분야의 교류협력이 제도적 차원에서 이뤄졌다.

서독정부는 동독 주민의 삶의 질, 인권 개선에 초점을 뒀고, 동독 주민들의 반응은 폭발적이었다. 서독과의 통일을 향한 도도한 행진을 시작한 것이다.

반면 금강산관광·개성공단을 비롯해 각종 목적의 방북과 활발한 교류가 진행됐지만 병들고 못 입고 못 먹는 북한 주민들은 줄지 않았다. 더구나 경제가 바닥을 치던 상황에서 북한이 핵무기를 개발하고 핵실험을 강행했을 때 그 자금이 남한으로부터 벌어들인 것이라 의심하기에 충분했다. 햇볕정책 10년 동안 북한 주민의 삶은 여전히 고통스러웠고 인권이라는 가치는 사치스러운 남의 이야기였다.

현 정부의 원칙 있는 대북정책은 정당했다. 북한당국의 정치적 양보가 없이는 보상도 없다. 남한의 지원이 북한 주민 삶의 질 개선에 도움이 되지 않는다면 더 이상 할 수 없다는 원칙은 지난 정부의 대북정책에 대한 반성에 뿌리를 둔 올바른 선택이었다. 하지만 우리가 의도했던 결과는 나타나지 않았다. 정책이 정당했음에도 불구하고 북한당국은 변화를 거부하고 금강산관광객 살해, 천안함 폭침과 연평도 포격 등 비인도적 행태를 서슴지 않았다.

오히려 2차 핵실험은 물론 플루토늄에 이어 우라늄 핵폭탄 제조 능력을 공개적으로 자랑했다. 북한 주민의 삶은 더욱 어려워졌다. 책임은 북한당국에 있다.

이런 상황에서 김정일이 사망했다. 동독 주민과 같은 위대한 결단은 아직 북한 주민 내에서 찾을 수 없다. 어떻게 할 것인가, 우리의 정책방향이 옳고 나쁜 쪽은 북한당국이니 우리의 길을 고수해야 하는가, 아니면 대승적으로 한반도를 경영한다는 차원에서 우리 정책을 조정해야 하는가?

유념해야 할 점은 한반도에서 우리가 담당해야 할 역할을 중국이 치고 들어오는 현실이다. 각종 지하자원 개발권, 나진항 이용권 등의 권리를 하나씩 챙기면서 거의 모든 북한의 생필품을 중국이 공급하는 상황이 전개되고 있다.

김정은은 김일성 사후에 김정일이 그랬던 것처럼 일단 문을 걸어 잠그고 집안 단속에 매달릴 것이다. 남북협력은 후순위에 놓일 것이다. 김정일에 비해 기반이 취약하고 정통성이 부족한 김정은의 권력 안정을 위해 중국은 최선을 다하면서 김정은과 북한에 대한 영향력을 극대화하려 할 것이다.

이제 우리는 초심으로 돌아가는 수밖에 없다. 북한 주민들의 인권과 삶의 질 개선에 초점을 두는 정책, 그들의 눈과 귀를 열어 바깥세상이 어떻게 돌아가는지, 그들 삶의 현주소가 어떤지, 우주를 넘나드는 21세기에 권력의 3대 세습이 무엇을 의미하는지, 중국이 대안인지 남쪽의 동포들이 아군인지를 그들 스스로 깨우치도록 기회를 주는 동시에 우리의 동포애가 전달될 수 있도록 우리가 먼저 다가가야 한다.

그리고 북한 주민들이 어떤 결정을 내릴지 사랑과 인내를 가지고 지켜봐야 할 것이다. 그들이 민족자결권을 행사하고자 한다면 그 누구도, 어떠한 외세도 개입하지 못할 것이다.

≪서울경제≫ 2011년 12월 31일자

손기웅의
통일 깊게 보기

1

통일대북정책

통일연구원이 통일요람이 될 각오를 담았다(2010.3.29).

통일세상의 문을 연다

2014년은 베를린장벽 붕괴 체험 25년, 통일연구원 입사 20년이 되는 개인적으로 의미가 큰 한 해였다. 생각의 정리와 가다듬음이 절실해 「손기웅의 통일세상」을 시작하였다. 마침 2014년 1월 24일 북한은 우리의 이산가족 상봉 제의를 수용하였다.

북한이 우리의 이산가족 상봉 제의를 전격 수용하였다. 놀랄 일도 뜻밖도 아니라, 예견되었다. 2013년 6월 6일, 개성공단이 파국을 치닫던 가운데 북한은 당국 간 회담을 제안했다. 개성공단 정상화, 금강산관광 재개를 주요 의제로 제시하였다.

모두 통치를 위해 필요한 식량과 외화를 획득할 수 있는 주요 통로다. 현재 북한이 가장 짧은 시간 내에 물자와 외화를 구할 수 있는 방법이 이산가족 상봉, 지하자원 판매, 관광사업임은 주지의 사실이다.

특히 이산가족 상봉이야말로 명분을 가지면서 대가를 요구할 수 있고, 그것이 금강산관광이나 경협사업의 확대로 연계될 수 있다고 판단할 수 있기 때문이다.

권력을 잡기는 쉬워도 지키기는 힘들다. 김정은 위원장은 자신만을 쳐다보는 북한 주민을 의식하지 않을 수 없다. 그들의 의·식·주를 개선하지 못한다면, 불만이 터져 나올 것을 잘 알고 있다. 인민생활의 개선에 열을 올릴 수밖에 없는 상황이다. 성과가 없을 경우에 애용하는 대외적 긴장고조와 대내적 숙청도 거듭될수록 약발이 떨어진다는 것도 잘 알고 있다.

물론 이산가족 상봉에 대한 화답을 금년 들어 연속적으로 펼치고 있는 평화공세의 일환으로도 볼 수 있다. 장성택의 처형으로 악화될 대로 악화된 김정은 체제의 이미지를 평화공세와 인도주의적 행사를 통해 희석하려는 의도일 수도 있다.

동기야 어찌되었건 이산가족 상봉을 적극 환영한다. 꿈에도 그리던 이산가족을 만나보지 못하고 해마다 수천 명이 유명을 달리하는 현실에서 이산가족의 상봉은 다다익선이다. 온 국민이 힘을 모아 성원해야 한다. 다만 이산가족 상봉과 남북경협을 추진하지 않을 수 없는 북한의 현실, 김정은의 상황을 우리가 원하는 방향으로 북한의 정세가 진전되도록 유념하고 힘을 쏟아야 한다. 무엇보다 북한 주민의 삶의 질 개선이다.

남북협력을 통해 북한으로 유입되는 무엇이 북한 주민의 삶을 육체적, 정신적으로 어려움을 덜 수 있는 방향으로 전개되어야 한다. 북한의 변화는 결국 북한 주민들에 의해서 현실화될 수 있다고 보기 때문이다.

1970년대 동서독 간에 교류협력이 제도화되던 시기에 동독은 대서독 '차단정책'(Abgrenzungspolitik)을 펼쳤다. 서독과 교류협력을 하면 절실히 필요한 물자와 외화와 함께 서독의 자본주의적 영향도 자국에 유입되리라 판단하고, 이를 차단하고자 했던 것이다.

그러나 동독당국의 바람과는 달리 동서독 간의 교류협력은 동독 주민들의 눈과 귀를 열었다. 자신들의 체제와는 모든 면에서 비교도 할 수 없이 인간적이고 앞선 서독을 보고 느낄 수 있었다. 그들은 고뇌했고, 판단했고, 선택하고 일어섰다.

북한의 변화가 동독이나 동구 사회주의국가들과 같을지 다를지 예단할 수 없다. 그러나 북한 주민들 역시 동유럽 주민들과, 우리와 같은 인간이다. 그리고 우리의 동포다. 변할 수 없는 진실이다.

이제 통일세상의 문을 연다. 북한 주민은 물론, 한반도와 전 세계에 실존하고 있는 모든 한민족에게 다가가고자 한다. 우리는 누구인가, 무엇을 희망하며, 어떻게 살아야 하고, 무엇을 해야 하는가를 함께 나누고자 한다.

모두들 안녕하십니까?

≪환경일보≫ 2014년 2월 12일자

통합정책의
통일정책

2014년 2월 19일부터 25일까지 금강산에서 3년 4개월 만에 이산가족 상봉행사가 진행되었다. 19회째로 진행된 상봉에서 300여 명의 혈육이 뜨겁게 만났다. 남북관계의 개선은 물론, 성장과 통일을 지향하는 전 과정에서, 통일의 전과 후에 걸쳐 지속적으로 추진되어야 할 국가전략의 방향성으로 '통합정책'을 제시한다.

남북대화가 결실을 맺었다. 이산가족 상봉이 오랜만에 실현되고, 예단하기는 힘들지만 교류협력의 물꼬가 트일 가능성도 엿보인다. 오늘의 성과를 바탕으로 어떠한 비전과 구도에 입각하여 국가를 성장시키는 동시에 통일에 다가가야 할 것인가?

현 단계 대한민국 국가전략의 기조는 '통합정책'을 소리 높여 추진하고, '통일'은 가슴에 묻으면서 조용하게 준비하는 일이다. 우리가 강력한 국가를 건설하기 위해서 국제사회, 특히 주변국들과 제도적 차원에서 긴밀히 교류협력하는 통합정책을 펼쳐야 한다. 통합정책을 통해 국가성장에 필수적인 안보지원, 자본, 기술, 시장, 자원, 노동력, 토지 등을 확보해야 한다.

통일의 여건이 성숙되지 않은 상황에서 통일을 소리 높여 주변국들로 하여금 우려를 자아내기보다, 우선 대한민국이 동북아 역내에서 평화적으로 함께 번영할 수 있는 훌륭한 파트너 국가임을 확실하게 인식시키는 동시에 대한민국을 강력하게 성장시켜야 한다. 그리고 이러한 주변국들과의 통합정책과 더불어 남북 간에도 튼튼한 안보에 바탕을 둔 교류협력 활성화 정책도 동시에 추진해야 한다. 주변국의 입장에서 볼 때, 그들과 긴밀히 협력하고 있는 대한민국에 북한이 덧붙여져 활발한 협력관계가 형성되고 있는 전체의 상황이 동북아 역내 전체의 평화적 상생에 무리가 없다고 판단한다면, 우리의 지역통합정책과 남북교류협력 동시 병존정책은 더욱 환영되고 탄력을 받을 수 있게 될 것이다.

그리고 이러한 대한민국과 대한민국의 정책에 대한 지지와 공감대를 바탕으로 향후 남북 간의 교류협력이 전개되는 과정에서 하나의 민족, 하나의 국가를 형성하려는 남북 간의 의지가 표명되는 순간이 도래할 경우, 동북아국가들과 국제사회가 통일된 한국이라 할지라도 역내국가 나아가 세계사회와 함께 평화적으로 상생할 수 있는 훌륭한 파트너가 될 수 있을 것이라는 인식을 굳게 하여 한반도통일을 받아들이게 될 것이다. 이것이 우리가 추진해야 할 '통합정책의 통일정책'이다.

이러한 통합정책과 통일정책의 연계적인 동시 추진에서 간과되지 말아야 할 사항은 그 과정에서 우리 사회를 고도의 '선진민주사회'로 발전시키는 일이다. 우리 사회를 인간다운 삶을 실현할 수 있는 민주화된 사회로 더욱 발전시킬수록 우리와 함께하려는 북한 주민의 통일에 대한 의지는 그만큼 높아질 것이다. 또한 국제사회의 지지는 더욱 커질 것이다. 통합과 통일을 위한 우리의 유인력, 우리의 자석력은 그만큼 확대될 것이다.

따라서 '통합정책', '통일정책', '선진민주사회 건설'은 분단된 조국의 상황과 세계 최강의 4국에 둘러싸인 우리의 현실에서 대한민국이 동시에 함께 추진해야 할, 우리 민족의 비상을 위한 유일한 국가전략이다.

한편 통합정책은 지역적, 세계적 차원에서 평화를 유지하고 공동번영을 위해 중층적으로 동시에 추진되어야 한다. 첫째, 정치·군사적 차원에서의 통합정책은 6자회담을 기초로 한 동북아 양자 및 다자안보협력, 그리고 유엔을 중심으로 한 세계적 차원에서의 평화유지 및 안보협력의 형태로 추진해야 한다. 둘째, 경제적 차원에서는 남북경제공동체, 동북아경제공동체 형성과 병행해 전세계적 차원에서 FTA 체결을 중심으로 한 경제협력을 진척시켜야 한다. 셋째, 문화적 차원에서는 남북문화공동체, 동북아문화공동체 형성과 병행해 국가위상에 걸맞은 문화외교를 강화하고 세계 국가·시민과 함께 호흡하려는 노력을 부단히 전개해야 한다.

넷째, 상기의 통합정책을 이론적, 실천적으로 보완하기 위해서 환경통합정책을 추진해야 한다. 정치·군사, 경제, 문화적 통합정책이 모두 인간 간, 국가 간에 중점을 두는 '인간중심적인 통합정책'이라면, 환경통합정책은 인간과 자연환경과의 평화공존을 이룩하려는 인간과 자연환경 간의 통합정책이다.

즉 남북환경공동체, 동북아환경공동체 형성을 축으로 하는 환경통합정책을 통해 인간과 자연환경 간의 갈등을 회복시키고, 이를 바탕으로 정치·군사, 경제 및 문화적 공동번영이 실현될 수 있는 질적, 양적 기반을 확보해야 한다. 인간과 자연환경 간의 공동번영이 인간 간, 국가 간 공동번영의 전제다.

동북아, 나아가 전 세계를 대상으로 다양한 차원에서 추진되어야 할 통합정책의 연장선상에서 이번 남북대화의 결실이 한반도통합정책의 의미 있는 디딤돌이 되길 기대한다.

≪환경일보≫ 2014년 2월 26일자

국군포로와
납북자의
생환거래?

국군포로와 납북자 문제는 대한민국이 국민에 대한 책무로서 해결해야 할 기본의무다. 서독정부는 동독 내에서 바른말을 하다 투옥된 정치범도 독일민족이라는 점을 잊지 않았다. 이후 서독정부는 동독정부와의 거래를 통해 그들을 서독으로 데려와 자유케 하였다. 동독 주민들이 서독정부와 서독을 '희망'으로 받아들이는 순간이었다.

정부는 이산가족 상봉의 정례화를 북한에 압박하고 있다. 옳은 일이다. 해마다 수천 명의 이산가족이 유명을 달리하고 있는 상황에서, 이 문제만큼 시급한 국가적 과제도 없다. 한편 넓은 의미에서 이산가족에 포함되지만, 성격이 다른 국군포로와 납북자 문제의 해결에도 전력을 기울여야 한다.

북한의 부당한 정치적 행위에 의해 자유가 구속된 이들의 생환은 국가가 반드시 해결해야 할 책무다. 사실 국군포로와 납북자 문제를 해결하기 위해 지난 수십 년 동안 정부는 수많은 노력을 기울여 왔으나 성과를 거두지 못했다. 근본적으로 북한이 이에 응하지 않고 있기 때문이다. 문제를 해결할 수 있는 특별한 대안이 존재하지 않는 상황에서, 특히 이들 대부분이 고령으로 인해 생환의 기회가 거의 막바지에 다다른 이 시점에서 국가는 가능한 모든 조치를 강구해야만 한다.

여기서 방법적으로는 문제를 안고 있었지만, 반인권적 상황에 놓인 정치범을 해방시키기 위해 불가피했던 독일의 정치범 석방거래 'Freikauf'에 주목할 필요가 있다. 정부는 성공적이라 평가받고 있는 독일의 'Freikauf'를 활용한 '한국형 생환거래'를 고려해야 한다. 한국형 생환거래가 국군포로와 납북자의 생환을 가능하게 할 수 있을 뿐 아니라, 한국형 생환거래가 존재한다는 사실 자체가 국군포로와 납북자에게는 언젠가 생환되어 자유의 몸이 될 수 있다는 삶의 희망을 가지게 할 수 있다. 한국형 생환거래를 추진할 경우 제기될 수 있는 문제점에도 불구하고 추진될 수 있는, 추진되어야 하는 이유는 다음과 같다.

북한의 귀책사유로 인해 억류된 국군포로와 납북자를 그것도 우리가 돈이나 현물을 주면서까지 생환시킨다는 정책에는 당연히 부정적 논란이 일어날 것이다. 사람을 거래의 대상으로 전락시키는 반인권적인 행위로 질타 받을 수도 있기 때문이다. 나아가 국군포로와 납북자 문제를 해결하기 위해 거래를 해야 하는 상대방이 문제발생에 책임이 있는 북한의 '독재권력'이라는 사실이 한국형 생환거래 추진에 강한 거부감을 불러일으킬 것이다.

이러한 도덕적인 문제점은 한국형 생환거래가 갖는 부정적인 측면이 분명하다. 그러나 현재 생환을 희망하면서도 생환될 수 없는 상황에 처한 국군포로와 납북자를 그러한 상황으로부터 구해내는 것이 1차적으로 중요한 책무라고 본다면, 고통을 겪고 있는 그들과 가족의 아픔을 씻어주는 일이 중요하다고 본다면, 대가를 주고 이들의 자유를 산다는 사실은 부차적인 것으로 인정될 수 있다. 이들을 생환한다는 목표를 위해 추진되는 거래가 인도주의적 관점에서 용납되어질 수 있는 방법상의 문제로 간주될 수 있다. 북한이 이들의 인권문제를 등한시하는 상황에서 우리가 적극적으로 이들에게 관심을 가져야 하는 도덕적 책임과 의무가 있다. 더구나 이들을 생환시킬 수 있는 방법이 있음에도 불구하고, 그것이 돈이나 현물을 주는 거래이기 때문에 그 기회를 활용하지 않는 우를 범해서는 안 된다. 그들의 생환이 도덕적 평가에 선행하는 것이며, 따라서 그들을 도울 수 있는 방법이 있다면 적극 그것을 활용해야 한다.

한편 한국형 생환거래는 남북 간에 소통의 통로로서 역할할 수 있다. 한국형 생환거래는 그 자체가 생환과 대가라는 양측의 이해관계가 일치되어 실시되는 것인 만큼, 양측 간의 접촉을 위한 공간으로 이용될 수 있을 것이다. 또한 한국형 생환거래는 양측 최고정책결정권자의 의지가 반영되고 관심사항이 될 수밖에 없는 만큼, 간접적이기는 하지만 최고정책결정권자의 의지를 전달하는 통로가 될 수 있다. 결국 한국형 생환거래가 남북관계의 질을 한 단계 높일 수 있는 상호 간 신뢰감 조성에 기여할 수 있다.

남북관계에서 상호 신뢰감의 존재 유무가 얼마나 중요한 것인지는 재론의 여지가 없다. 상호 신뢰가 필요조건이자 충분조건인 한국형 생환거래가 '한반도 신뢰프로세스'를 실질적으로 담보할 수 있는 구체적인 정책방안일 수 있다.

≪환경일보≫ 2014년 3월 12일자

드레스덴 제안과
드레스덴 통일열차

2014년 3월 28일 독일 드레스덴에서 박근혜 대통령은 평화통일의 기반 조성을 위한 대북 제안을 발표했다. 이른바 '드레스덴 선언'은 통일을 지향하는 우리의 정책적 의지를 표명한 것임과 동시에, 북한 주민들도 드레스덴 주민, 동독 주민들과 같이 그들 스스로 변화에 대한 확고한 신념을 갖고 목소리를 울려야 함을 요구하는 것으로도 읽혀져야 한다.

박근혜 대통령의 독일 방문에는 통일의지가 담겼다. 동시에 통일을 염두에 둔 대북정책을 제안하고자 한 의도도 있었다. 결국 박근혜 대통령은 앙겔라 메르켈 총리로부터 통일은 'Glücksfall', 즉 '대박'이란 언급을 이끌어 냄으로써 본인이 천명했던 '통일대박론'에 실체적 정당성을 확인시킬 수 있었다.

또한 헬무트 콜 서독 총리가 베를린장벽이 무너진 몇 주 후인 1989년 12월 19일 동독의 중심도시인 드레스덴을 방문해 열광하는 동독 주민들 앞에서 통일을 이끌어 낼 것임을 확약한 정치적 의지를 다시금 모두의 기억 속에 되살렸다. 박 대통령은 직접 드레스덴을 방문해 '박근혜표 통일청사진'이라 할 수 있는 '한반도 평화통일 구상'을 제안했다. 남북 간 '화해협력', '평화번영', '상생공영'이 상징하듯이 한반도의 평화적 관리에 초점을 뒀던 역대 정부와는 달리 통일을 이끌어 낼 수 있는 대북정책을 펼치겠다는 통일의지를 보여줬다.

드레스덴 제안에서 포함된 3대 대북제의, 즉 인도적 문제 해결, 남북 공동번영을 위한 민생 인프라 구축, 남북 주민들 간의 동질성 회복에도 통일의지가 확연히 담겨 있다. 이번 독일 방문에서 독일 측 인사들과 전문가들은 독일의 통일이 동독 주민들의 결단에 의해, 그들의 선택에 의해 달성됐다는 사실, 서독이 일관되고 지속적으로 추진했던 '접근을 통한 변화'(Wandel durch Annährung) 정책에 입각한 대동독 교류협력에 의해서 동독 주민들이 서독체제를 보고, 듣고, 느끼고, 깨달을 수 있었다는 사실, 이것이 전례가 없는 평화통일을 현실화시킨 원동력이었다는 사실을 반복적으로 강조했다.

한반도의 통일, 우리 헌법 제4조에 입각한 자유민주적 기본질서를 기초로 평화통일을 이룩할 수 있는 유일한 길은 북한 주민들이 우리 체제를 자신들의 지향체제로 인식해 그들 스스로 우리를 받아들이는 것이다. 드레스덴 제안에 담긴 핵심이 여기에 있다. 인도적 지원과 민생 인프라 구축을 통해 무엇보다 북한 주민들의 삶의 질을 개선시키고, 인권문제를 덜어주어 그들을 먹고 살 만하게 만들어야 한다는 것을 강조한다. 그 과정에서 이뤄질 다양한 형태의 남북교류협력에 의한 접촉을 통해 북한 주민들에게 바깥세상과 대한민국을 보여주고, 그들 스스로 자신의 체제를 돌아보게 하는 기회를 주겠다는 것이고, 함께 할 수 있는 동질성을 높이겠다는 것이다. 그리고 그들의 선택에 따라 인류보편의 공통적 가치를 앞서 이룩해 나가고 있는 대한민국의 틀 아래서 한민족이 하나가 될 수 있음을 보여주고 기다리겠다는 것이다.

드레스덴은 독일통일로 향하는 행진의 통로이자 상징이었다. 1989년 여름 사회주의 형제국이었던 폴란드와 체코슬로바키아의 서독대사관에 진입해 서독으로 보내줄 것을 호소했던 동독 주민들이 서독-폴란드 및 서독-체코슬로바키아 간, 동서독 간 협상을 통해 특별열차편으로 동독을 가로질러 서독행 자유로 질주하는 중간기착지이자 통로가 드레스덴이었다. 통일에 대한 동독 주민의 의지, 자유에 대한 신념을 전 세계에 상징적으로 보여준 곳이 드레스덴이었던 것이다. 역 플랫폼에서 얼싸안은 동독 주민, 차창 바깥으로 내어흔드는 희망과 환희의 손길에 눈물과 벅찬 기대감으로 화답하는 그 순간은 통일에 대한 확고한 자결을 보여준 독일민족의 결단이었다.

드레스덴 제안은 북한 주민의 삶의 질 개선에만 머물지 않는다. 민족의 염원인 통일을 진정코 달성하기 위해서는 동독 주민들이 보여줬던 결단과 용기를 북한 주민도 보여줘야 한다는 분명한 메시지를 담고 있다.

한편 박근혜 대통령은 공동번영을 위한 인프라 건설을 제안하면서 '민생'을 강조함으로써 북한 주민들의 실생활 개선에 초점을 두는 동시에, 군사적 용도나 다른 대결적 목적에 사용돼서는 안 됨을 분명히 했다. 햇볕정책에 입각해 추진됐던 남북교류협력이 북한 주민들에게 실질적으로 도움이 되지 않았다는 반성에서 향후의 교류협력은 분명한 차별성을 보이겠다는 것이다.

문제는 북한의 반응이다. 남북교류협력과 국제적 대북 협력에 필요한 본격적인 투자를 위해서 북한의 '핵 포기'를 명확히 요구했기 때문에 북한이 전면적으로 수용하기란 쉽지 않을 것이다. 핵안보정상회담과 한·미 합동군사훈련에도 맞서 북한은 미사일 발사, NLL을 넘어서는 포격으로 대응하고 있다. 그리고 외곽매체를 통해 박 대통령의 제안을 비난하고 있다.

그러나 드레스덴 제안은 북한의 현 실태를 자세히 분석하고, 북한이 지금 당장 무엇이 필요한가를 파악한 바탕 위에 구상된 것이다. 한바탕의 대응쇼가 지나면 그들이 긴급히 필요로 하고 지원을 얻을 수 있는 분야에서 대남창구가 가동될 것이다. 대내외적으로 무엇인가 보여주고 성과를 내야 할, 갈 길 바쁜 김정은 위원장이 우리가 건넨 손을 쥘 수밖에 없도록 우리는 국가성장과 평화통일을 바라보며 뚝심 있게 만들어 나가야 한다.

≪환경일보≫ 2014년 4월 9일자

귀하는
헌법 제4조를
존중하십니까?

2014년 북한의 인천아시안게임 참가와 관련해 7월에 개최된 남북실무회담이 결렬되었다. 선수단, 응원단 등 700명에 달하는 북한 참가자들에 대한 안전과 편의제공, 서해로의 직항편과 만경봉 2호의 인천 정박, 응원단의 남북열차 이용 등의 문제에 이견이 있었다고 한다. 국제관례에 따른 안전과 편익 제공의 원칙에 기반하되, 국가성장과 통일을 동시에 추구해야 하는, 통일비전에 입각한 대북정책적 차원에서의 고려가 필요한 시점이었다.

언제부터인가 북한과 경제협력을 하면 북한에게만 이득이 되고 우리에게는 별 효과가 없다는 사고가 자리 잡았다. 사회문화적 교류를 해도 그들에게 정치적으로 이용당하고 돈만 갔다 바치는 꼴이라고 여긴다. 과연 그럴까?

5만 3천여 명의 북한 노동자가 현재 개성공단에서 일하고 있다. 그들이 주 6일간 하루 수 시간씩을 초과로 일하면서 1년간 벌어가는 금액이 약 1억 달러라고 한다. 물론 엄청난 금액이고, 이를 두고 북한체제의 '달러박스'란 얘기가 나온다. 그렇다면 개성공단을 운영해 우리는 얼마만큼의 경제적 이득을 얻고 있느냐가 자연 궁금해진다. 구체적으로 따져 봐야겠지만 아마 그 이상의 성과가 있어야 기업인이 공장을 가동하지 않겠는가! 많은 기업들이 개성공단의 정상화와 확대를 기대하고 있는 상황을 놓고 보면 아마 밑지는 장사는 아닌 것이 틀림없다.

더욱 의미가 있는 것은 공단에서 일하고 있는 북한의 주민들이 대한민국 우리 사회를 직접 체험할 수 있다는 점이다. 그들과 너무나도 차이가 나는 기술수준, 작업환경, 노동자 문화 등 그들이 듣고 보고 느끼고 생각하는 것은 돈으로 환산될 수 없다. 통일을 위한 통합의 과정이 현재 진행 중인 것이다.

북한을 사회문화적 목적으로 방문하면 그들이 요소요소, 국면마다 정치적으로 계산하고 치밀하게 이용하려 한다는 사실을 쉽사리 느낄 수 있다. 정치적으로 이용당할 수도 있다. 그렇다고 그들과의 교류를 중단해야 할까, 하면 할수록 손해일까?

오히려 문제는 우리 내부에 있는 것이 아닐까? 왜 우리가 그들과 만나서 이야기하고 우리의 마음을 전하고 우리 사회를 보여줘야 하는가에 대한 국민적 공감대가 우리 사회 내에 형성되어 있다면 과연 북한과의 교류에 부정적일까?

다시 한 번 우리 헌법을 생각해 보자. 제4조 통일조항은 우리가 자유민주주의에 기초한 평화통일을 추진해야 함을 명시하고 있다. 헌법에 의하면 우리가 통일을 평화적으로 달성할 수 있는 방법은 오직 한 길밖에 없다. 북한 주민들이 스스로 총을 놓고 우리 체제를 자발적으로 받아들이는 것이다. 그들이 우리 사회를 듣고 보고 느끼고 그리고 우리와 함께하기를 스스로 결단하여 행동으로 옮기는 길밖에 없다.

북한 주민들의 눈과 귀를 열고 그들에게 우리 사회를 보여주기 위해서는 그들과 만나고 어울려야 한다. 그 길뿐이다. 만남의 과정에서 우리의 동포애가 전달되어야 한다.

통일이 단기간 내에 현실화되기는 어렵고, 갈등과 대립이 지속되면 이질성만 커지고 북한주민들의 생활은 더욱 힘들어진다. 따라서 교류협력을 통해 북한 주민들의 삶의 질을 개선시키면서 그들의 눈과 귀를 뜨게 하고, 장기적으로 북한을 변화시키면서 통일에 다가간다, 이것이 '햇볕정책'이 아니었던가? 서독의 '신동방정책'(Neue Ostpolitik)에 입각한 대동독정책, 즉 '독일정책'(Deutschlandspolitik)의 핵심이 바로 그것이었고, '접근을 통한 변화'(Wandel durch Annährung)가 같은 목적이 아니었던가? 그런데 왜 햇볕정책은 실패했는가? 햇볕정책의 목표가 헌법 4조에 충실한 것이었다면, 그 전개 양상은 사뭇 달라져야 했다. 남북 간의 접촉과 교류협력이 그 이전과 상상할 수 없게 증가했지만, 북한 주민들의 삶의 고통은 여전히 지속되었다. 인권이 개선되기는커녕 수많은 사람들이 굶어 죽었다. 핵무기 개발에 남과의 협력으로부터 벌어들인 돈을 투입했을 개연성도 분명히 있다. 북한 주민의 눈과 귀를 제대로 열지 못했을 뿐만 아니라, 남북 주민 간의 교류협력이 제도적 차원에서 이루어지지 못하고, 1회성, 이벤트성으로 진행되었다. 서독의 성과와는 비교될 수 없었다. 『이솝우화』에서 비롯된 햇볕정책의 원래 의도가 나그네를 따뜻하게 만들어 옷을

벗게 하는 것이 아니었던가?

사회문화교류에서 북한이 정치적으로 이용하려고 한다는 점을 애초부터 알고 있었다. 동독이 서독과의 교류에서 서독 자본주의의 영향력을 최대한 차단하면서 자국 정치체제의 우월성을 선전하는 동시에, 원하는 경제이득만을 챙기려 노력했다는 역사를 이미 남한도 북한도 알고 있었지 않았던가?

교류협력을 제한하고 차단하는 것이 아니라, 북한의 정치적 이용에 대한 우리의 대응방안을 강구했어야 했다. 헌법 4조에 입각하여 우리 사회와 우리 마음을 보여주고 느끼게 할 수 있는 방안, 아무리 그들이 통제하고 억압해도 어쩔 수 없이 그들과는 너무나도 차이가 나는 우리 자체를 북한 주민들이 보고 느낄 수 있도록 계획하고 실천했어야 했다.

인천아시안게임에 북한이 대규모 응원단을 보내면서 그 비용을 우리에게 부담시키려 했다. 많은 사람들이 공감하지 못했고, 실제 정부도 그렇게 대응했다. 국제사회에 통용되는 일반적 원칙을 북한도 지키도록 요구했다. 많은 사람들이 잘했다고 한다.

그러나 다른 시각도 있다. 북한이 국제관계에서 통용되는 별개의 독립적인 국가인가? 동등한 1 대 1의 경쟁국가인가? 헌법 4조에 입각한 통일을 염두에 두지 않는다면 그것이 옳은 생각이고 옳은 정책방향이다. 그러나 그들을 변화시켜 우리 사회를 스스로 받아들이게 만든다는 통일정책적 시각에서 본다면 우리의 대응이 다를 수도 있었다.

대규모 응원단의 체재비용을 우리가 부담하는 대신 우리의 국익에 맞는 대응방안을 강구할 수는 없었을까? 당성에 투철한 정예부대인 그들이 남한에 와서 아무리 그들 체제를 선전하고 활동을 하더라도, 북한당국이 아무리 그들을 통제하더라도 그들에게 우리 사회와 우리 마음이 자연스레 보이고 들려지고 느껴지게 하는 방법은 없었을까? 설령 그들이 돌아가서 우리 사회를 비난하고 자신의 체제를 찬양하더라도 그들과 너무나도 차이가 나는 2014년 대한민국을 체험한 그들이 과거와 동일할 수가 있을까?

대규모 응원단의 체재비를 우리가 부담하는 대신 우리의 대규모 예술단이 평양을 방문해 공연한다는 반대급부를 얻어낸다든지, 아시안게임의 동력을 이어서 '경평축구'를 부활한다든지 다른 형태로 남북 간 교류협력의 활성화를 도출해 낼 수 있는 방법은 없었는가?

분단을 유지하고 독립적으로 살아가고자 한다면 대등한 관계, 국제사회에서 통용되는 원칙을 지켜야 한다. 그러나 분단을 극복하고 북한의 변화와 통일로 나아가고자 원한다면, 우리는 좀 더 전략적이고 먼 앞날을 내다보는 대북정책, 통일에 입각한 대북정책을 펼쳐야 한다. 남북경협이 경제적 성장만이 아니라 통일로 향하는 주요한 방법임을, 사회문화교류협력이 남북 주민 간 저변의 공감대 형성에 주요한 통로임을 인식해야 한다.

국가성장과 통일이라는 국가전략적 원칙에 입각하여 단견적인 대북정책에 함몰되지 않는 통일·대북 정책을 일관되게 펼쳐야 한다.

그 출발선은 "귀하는 헌법 제4조를 존중하십니까?"여야 한다.

《환경일보》 2014년 9월 24일자

북은 북 …
탈북자
감싸 안아야

2010년 4월 20일 전 북한 노동당 비서 황장엽 씨를 살해하라는 지령을 받고 북한에서 남파된 간첩 2명이 구속됐다. 국내에 입국해 정착에 큰 어려움을 겪고 있는 북한 이탈주민들에게는 더 차갑고 부정적인 눈초리를 예감하지 않을 수 없는 소식이었다. 그들의 '성공스토리'가 울려야 할 시점에 일어난 일이었다.

황장엽 전 북한 노동당 비서를 암살하려던 북한 간첩 2명이 붙잡혔다. 이들은 탈북자로 위장해 국내에 들어왔다. 우려했던 일이 현실로 나타났다. 탈북자가 늘어나면서 불순분자가 섞여 있을 수 있다는 의혹은 일찍이 제기됐다. 독일에서도 마찬가지였다. 베를린장벽이 무너지고 대규모의 동독 탈주자가 서독으로 넘어오자 서독정부는 국가안보 위해세력의 잠입 여부에 큰 우려를 표시했다. 실제로 동독의 비밀경찰은 물론이고 당시에 존재했던 소련의 KGB 요원, 동유럽 사회주의국가의 첩보원까지도 대열 속에 있다가 발각됐다.

이렇게 보면 탈북자의 대열 속에 위장한 북한 간첩뿐만 아니라 다른 국가의 불순세력이 가담할 개연성도 있다. 국가적 대책을 시급하고도 세밀하게 마련해야 함은 당연하다. 대책의 일환으로 국내에 안착하려는 탈북자에 대한 심사 강화는 자연스러운 귀결이다. 국가안보와 국민생명을 최우선으로 고려해야 할 국가의 당연한 책무다.

문제는 자유와 인간다운 삶을 위해 죽음을 무릅쓰고 넘어온 선량한 탈북자에게까지 편견 또는 의심의 시선이 짙어질 수 있다는 점이다. 벌써부터 위장간첩 체포 소식에 탈북자들의 가슴앓이는 시작됐다. 심리적, 정서적 압박감이 더욱 커져 가뜩이나 어려운 정착생활은 더욱 힘겨워질 수 있다.

이번 사건이 선량한 탈북자에게 또 다른 삶의 부담이 되지 않으면서 대한민국의 문을 두드릴 북한 주민에게 피해가 되지 않고도 국가안보를 튼튼히 하는 계기가 되도록 만드는 지혜가 요구된다. 왜냐하면 이제 이들은 대한민국이 지켜줘야 할 우리의 국민이기 때문이다.

탈북자는 '통일의 전령'일 수 있다. 국내에 정착한 탈북자가 우리 사회에서 그들이 꿈꿔 온 삶을 현실화할 수 있을 때, 그들은 사선을 넘은 순간을 생애 최고의 선택으로 여기며 가슴 벅차 할 것이다. 바로 이들이 북한 땅에 남은 2,400만 주민에게는 삶의 희망이 된다.

　죽음의 위험을 무릅쓰고, 모든 것을 버리고, 인간으로서 오직 인간다운 삶을 살기 위해 내려온 그들이 꿈을 이루도록 최선을 다해 도와주어야 한다. 이번 사건이 그들의 삶을 더욱 어렵게 하는 계기가 되어서는 안 된다. 오히려 그들의 국내 정착뿐만 아니라 그들에게 가해질지 모를 북한의 위협에 대한 안전문제까지 더욱 신경을 쓰는 계기가 되어야 한다. 우리와 함께하고자 번뇌하고 있을 북한의 모든 주민에게 삶의 희망과 대한민국의 위대함을 보여주기 위해서다.

　2만 명도 채 되지 않는 탈북자가 안심하고 편안하게 정착하도록 도와주는 마음과 제도가 우리에게 없다면 남북통일은 깨끗하게 단념하는 편이 옳다. 한 줌의 탈북자와의 '작은 통일'도 이루지 못하면서 어떻게 한반도의 통일을 꿈꿀 수 있을까? 평화적인 통일을 이룩하기 위한 필수 전제조건은 북한 주민의 결정과 행동이다. 그들은 대한민국에서 희망을 확인하는 순간 통일의 대열에 나설 것이다. 그런 결단의 시간으로 이끄는 동력이 대한민국 사회에서 인간다운 삶을 실현하고자 하는 탈북자일 수 있다.

　천안함 침몰 사건에 더하여 이번 위장간첩 사건으로 남북관계가 더욱 악화될 수 있다. 그 과정에서 선량한 탈북자들이 고통 받지 않도록, 대한민국이란 희망의 문을 두드릴 북한 주민이 위축되지 않도록 감성 어린 정부의 정책이 요구된다. 탈북자가 국내에서 체험한 소수의 나쁜 사람들 때문에 대한민국 국민 모두를 삐딱하게 보아서는 안 되는 일과 마찬가지로 선량한 대다수 탈북자를 따뜻하게 포용해야 할 책임이 요구된다.

≪동아일보≫ 2010년 4월 24일자

청소년 통일교육,
어떻게
할 것인가?

통일이 청소년들의 삶에 직결되어 있음이 인지되어야 한다. 통일교육이 민주시민 교육으로서 전인교육의 한 부분으로 시행되어야 한다. 한국의 전통미덕을 배양할 수 있는 품성교육도 아울러 함께 진행되면 한국의 미래를 이끌어 갈 이들에게 더욱 의미가 있을 것이다. 통일의 중심에 청소년들이 놓이고, 그들이 통일을 주도할 수 있도록 어른들이 어른답게 이끌어야 한다.

청소년들은 앞으로 통일을 이끌어 내야 할 주역인 동시에, 통일에 따를 이익을 누릴 뿐만 아니라 그 비용도 감당해야 할 당사자들이다. 이러한 의미에서 청소년들이 통일에 대해 건전한 시각과 관심을 가져야 함은 당연하다 할 것이다.

그럼에도 불구하고 현재 청소년들의 통일에 대한 관심과 의지는 크게 낮은 것으로 각종 자료에 나타나고 있다. 청소년들이 합당한 안보관을 바탕으로 통일을 이룩하는 데 필요한 가치관과 태도를 함양하기 위한 적절한 대책마련이 요청되고 있다. 청소년들이 향후 통일의 동력, 통일의 주역으로 성장할 수 있어야 한다.

「통일교육지원법」에 의하면 통일교육의 목표는 크게 자유민주주의와 민족공동체의식을 바탕으로 바람직한 통일관 정립, 통일환경과 남북한 실상에 관한 객관적 이해와 건전한 안보관 확립, 평화공존과 화해협력의 필요성 인식 및 통일실현 의지 함양 등으로 요약될 수 있다. 「통일교육지원법」의 법 취지에 부응하는 학교통일교육 개선방안을 제시하면 다음과 같다.

첫째, 민주시민교육으로서 통일교육을 실시한다. 독일의 경우 민주시민교육으로서 정치교육이 민주시민을 양성하고 분단을 극복하는 데 크게 공헌했다. 우리에 있어서도 통일교육의 방향성은 통일교육의 대상인 청소년들이 미래의 통일주역이라는 차원에서뿐 아니라, 현재 그들이 사회변동의 중추적 세력으로 성장하고 있다는 현재와 미래를 함께 지향한다는 점에 둬야 한다.

즉 통일을 위한 미래지향적 인간형을 창조하려는 교육과 더불어 민주시민적 소양과 인성을 지닌 현재의 사회구성원으로서의 품성을 갖게 하는 교육이 함께 실시돼야 하는 것이다. 이렇게 볼 때, 통일교육과 민주시민교육은 동전의 양면과 같이 상호 긴밀히 연결·실천돼야 할 과제이다.

둘째, 통일교육에 대한 최소한의 합의 형성이다. 서독에서 민주적 다원주의를 수업목표로 관철시켰던 가장 중요한 기반은 1976년 정치적으로 입장을 달리하는 정치교육학자들이 남부독일의 보이텔스바흐라는 도시에서 학회를 개최해 도출했던 「보이텔스바흐 합의」(Beutelsbacher Konsens)였다. 이 합의는 특히 정치교육에 있어서 정치적 갈등과 논쟁에 대한 접근방식과 관련해 근본적인 공통의 토대가 마련될 필요가 있다는 인식에서 나온 '최소한의 합의'(minimaler Konsens)다. 정치교육을 담당하는 교사가 교육적 과제를 자신의 개인적 정치적 신념과는 별개로 규정할 수 있어야 한다는 점을 명확히 한 것으로 오늘날 민주적 정치교육의 기본원리로서 받아들여지고 있다.

남북관계가 발전되면서 국내적으로 정치지향성에 따라, 각자의 이해관계와 개인적 체험에 따라 현재 통일·북한 문제에 관해 다양한 목소리가 터져 나오고 있다. 자유민주주의 사회에서 다양한 목소리 그 자체는 결코 문제시될 수는 없겠으나, 통일의 당위성마저 회의적으로 바라보는 시각이 적지 않다는 점은 놀라운 일이다.

더불어 계층·세대·지역 간에 나타나고 있는 대북 인식의 격차는 우리 사회 내에 이분법적인 이념적 갈등을 야기해 국론 분열을 초래함으로써 국민통합뿐만 아니라 국가와 사회발전에 커다란 장애요인이 되고 있다. 이러한 현실은 「통일교육지원법」에 통일교육이 개인적·파당적 목적으로 이용돼서는 안 된다고 엄격히 규정되고 있음에도 불구하고 학교에서 진행되고 있는 통일교육과 언론매체에도 영향을 주고 있다.

따라서 학계, 정부, 시민사회단체 등 모두가 한자리에 모여 통일교육의 내용과 방법에 있어서 민주적 다양성을 인정하는 '다원성 내에서의 통합'을 실천하려는 「한국적 보이텔스바흐 합의」를 이룰 때다. 그리고 이러한 최소한의 합의는 곧 현재 통일교육의 교재로 사용 중인 각종 관련 자료에 대한 평가작업, 교수방법에 대한 평가작업으로 이어지고, 최소한의 합의에 입각한 교육방향 재정립과 교원연수, 교재 및 교육프로그램 개발로 연결돼야 할 것이다.

≪환경일보≫ 2014년 6월 4일자

2

남북교류협력

북한 전문가를 제3국에 초청해 산림, 농업, 에너지 및 환경협력을 논의했다
(2012.6.7 / 2014.7.30 / 2014.9.29).

남북 청소년
교류방향

서로 간 이질성을 높이고 공감대를 형성하라는 취지에서 서독정부는 동서독 청소년 교류를 장려했다. 동독을 방문하고 동독 청소년과 대화한 서독의 청소년들은 동독의 상황과 동독 청소년들의 사고에 아연실색했다. 거리가 좁혀지지 않았고, 통일에 부담을 가지고 무관심해졌다. 동독정부는 당성에 투철한 엘리트 청소년들을 서독에 보내 동독체제의 우월성을 선전하려고 했다. 서독 사회를 체험하고 서독 청소년들을 만나 본 동독 청소년들은 동독정부의 의도대로 충실하게 행동했다. 그러나 내적으로 "이것은 아니다"란 생각을 깊게 했고, 그 일부가 1989년 변화의 주인공으로 나섰다. 독일이 잘하였건 못하였건 간에 독일의 통일사례는 우리에게 큰 교훈으로 다가선다.

청소년들은 앞으로 통일을 이끌어 내야 할 주역인 동시에, 통일에 따를 이익을 누릴 뿐 아니라 그 비용도 감당해야 할 당사자다. 이러한 의미에서 청소년들이 통일에 대해 건전한 시각과 관심을 가져야 함은 당연하다 할 것이다. 그럼에도 불구하고 각종 자료에 따르면 현재 청소년들의 통일에 대한 관심과 의지는 크게 낮은 것으로 나타난다. 청소년들이 자유민주주의 신념과 민족공동체 의식 및 건전한 안보관을 바탕으로 통일을 이룩하는 데 필요한 가치관과 태도를 함양하기 위한 적절한 대책 마련이 요청되고 있다.

이러한 측면에서 남북한 청소년 간의 교류가 청소년들이 향후 통일의 동력, 통일의 주역으로 성장할 수 있게 하는 데 큰 역할을 할 수 있을 것이다. 이를 위한 향후 우리의 정책방안을 몇 가지 제시해 보면 다음과 같다.

첫째, 정부가 청소년 교류 정책의 세부지침을 구체적으로 마련해야 한다. 동·서독 간 청소년 교류가 양 독일 간에 합의된 법적 제도화에서 비롯됐다는 점을 고려할 때 남북 간에도 향후 협의될 수 있는 청소년 교류 관련 협정과 구체적인 문건을 지금부터 준비해야 한다. 특히 청소년 교류의 중추적 역할을 하게 될 남북 간 「문화협정」(가칭)의 체결에 구체적으로 대비해야 한다.

둘째, 남북한 청소년 교류가 활성화될 수 있도록 정부가 적극 지원해야 한다. 민족적 동질감을 인식시키기 위해 추진된 청소년 교류가 북한 현실에 대한 실망감으로 오히려 역효과를 얻을 수 있는 측면이 있으나, 상호 현실 및 상대방에 대한 이해의 무대가 될 수 있다. 따라서 비록 정치성을 띠는 만남일지라도 남북 청소년들 간의 대화를 확대해 가는 것이 바람직하다.

셋째, 남북한 청소년 교류를 체계적으로 지원하고 활성화하기 위해 '반민반관' 형식의 협의체를 구성한다. 정부가 모든 청소년 교류사업을 포괄할 수 없고, 또 포괄하는 것이 바람직하지 않은 만큼 다양한 분야에서 민간의 자발성을 기초로 하는 —예를 들

어 다양한 민간사회단체를 통한— 청소년 교류를 정부가 활성화
시키는 것이 바람직하다. 이를 위해 청소년 교류 관련 기구·단체
와 정부가 긴밀히 협의할 뿐만 아니라, 남북한 청소년 교류를 활
성화·지원하는 '남북청소년교류협력위원회'(가칭)를 구성한다. 위
원회의 목적은 남북 청소년 교류와 관련해 상호 정보·자료를 교
환하고, 교류를 체계적으로 지원·활성화하는 데 있다. 위원회에서
는 향후 북한과 체결할 청소년 교류 관련 협정이나 문건을 토의
하며, 청소년 교류를 위한 구체적인 프로그램을 다양하게 개발하
는 데 일익을 담당해야 한다.

넷째, 남북 간에 이념적 갈등의 골이 매우 깊을 뿐만 아니라
북한이 사회문화적 교류의 정치성을 더욱 강조하고 있다는 점을
고려해, 청소년 교류를 활성화하기 위해서는 현재의 한반도 상황
을 참작한 접근방법, 분야 선정 및 추진방법을 모색한다.

우선 청소년 교류에서 경쟁적·대결적 태도나 체제우월성을 과
시하려는 냉전적 기획 그리고 상대방에게 문화적 자극과 충격을
주어야 한다는 논리 등은 극복돼야 한다.

북한이 청소년 교류에 제한적·소극적이란 측면을 고려해 상호
주의 원칙에 너무 집착하지 않는 것이 바람직하다. 예를 들어 공
연·전시회·운동경기 등을 개최하는 경우에 북한에서의 개최빈도
와 남한에서의 개최빈도를 동일하게 적용하는 것이 아니라, 남한
내에서만의 개최도 수용할 수 있다는 탄력성을 보여주는 것이다.

또 이러한 청소년 교류에 소요되는 비용도 북한의 경제적 사
정을 고려해 남한이 좀 더 많은 부담을 안을 수 있다는 자세를
보여주는 것이 바람직하다. 그러나 교류의 유지와 지속성을 고려
할 때 가능한 한 일방통행식의 교류가 아니라, 다양한 내용을 가

지되 차별적이기는 하나 상호 이해관계가 관철돼야 한다는 기본
자세는 견지해야 한다.

≪전자신문≫ 2006년 1월 17일자

통일과 문화통일,
남북 문화교류의
필요성

통일은 통일 이후 남북한 주민들이 공동의 가치관을 형성하고 그것에 준한 행위를 일상에서 표출할 때 완성된다. 즉 문화적 통합이 이루어져야 하며, 이는 긴 시간을 요구한다. 문화통합의 첫걸음은 현재 상황에서 상호 문화에 존재하는 같음과 다름에 대한 이해다. 같음을 넓히고 다름을 좁히는 동시에 더 큰 융합으로 나아가려는 노력이 전개되어야 한다.

남북통일은 궁극적으로 문화의 통일에서, 즉 통일된 남북이 하나의 국가단위를 이루고 그 바탕 위에서 하나의 문화를 형성할 때 비로소 완성된다. 정치적 통합이 주로 권력 배분이나 정치체제의 조립을 대상으로 하는 것이라면 문화통합은 사회구성원들이 어

떻게 함께 잘 살아가느냐 하는 공동체의식을 함양해 가는 과정
이다. 문화통합은 분단 상태로부터의 통일이라는 결과적 측면보
다는 분단 상태의 극복과 해소라는 과정적 측면을 중요시한다.
문화통합의 과정에서 이루어져야 할 문화교류는 정치·경제 등 다
른 분야들보다 당사자들끼리 만남의 폭이 넓어 저변으로부터의
파급효과가 크다. 그리고 서로 간 문화적 이질성을 체감하고 동
질화와 융합의 필요성을 확인하는 기회가 된다. 이렇게 볼 때 남
북 문화교류에 대한 대비는 국가적 과제임이 아닐 수 없다.

　현재 남과 북의 문화는 다르다. 그것은 다른 체제 하에서 서
로 다른 외국 문화의 영향을 받은 데서 오는 당연한 결과다. 그러
나 남한 문화에 비해 북한 문화가, 혹은 북한 문화에 비해 남한
문화가 어떤 기준에 비춰 더 이질화됐다는 발상은 옳지 않다.

　통일은 분단 이전 상태로의 원상회복이 아니다. 단순한 재결
합이 아니라, 새로운 한민족을 창조하는 것이다. 이질화된 문화
의 동질성 회복이라는 명제는 자칫 동질적 문화라는 절대기준을
정해놓고 서로 다른 문화의 융합이 가져올 역동성을 부정하게 될
가능성이 있다.

　현 단계 남북 문화교류의 중점은 서로 같음과 다름에 대한 확
인이다. 그런 후에 융합을 거쳐 새로운 통일된 문화를 어떻게 형
성할 것인가를 고민해야 한다.

　그러나 독일 사례에서 보듯이 문화 분야의 교류는 체제유지
문제와 밀접한 관련을 맺고 있기 때문에 성사되기가 쉽지는 않다.
특히 한반도의 경우 이념적 갈등의 골이 매우 깊을 뿐만 아니라,
북한이 문화의 정치성을 매우 강조하고 있다는 점에서 독일과는
또 다른 교류의 어려움이 있다. 따라서 문화교류를 추진하기 위

해서는 현재의 한반도 상황을 고려한 접근방법을 모색해야 할 것이다. 분야 선정의 경우 가능한 한 남북한이 공동으로 관심을 가지는 부문, 북한이 상대적 경쟁력을 가지고 있다고 판단해 좀 더 쉽게 응해 오리라고 여겨지는 부문, 혹은 협력을 통해 북한이 경제적으로도 이해를 가질 수 있는 부문 등을 우선적으로 고려해야 한다. 독일 사례에서도 서독은 동독이 자신 있어 하는 부문, 경제적 이득을 가질 수 있는 부문 등을 협력 분야의 선정 시 우선적으로 고려했다. 1970년대까지 미미한 수준에 머물렀던 문화 분야의 교류가 1980년 상업적 측면이 부각되면서 한층 활성화될 수 있었던 독일 사례를 주목할 필요가 있다.

북한에게 문화의 상업적 이용 가능성을 인식시킴으로써 문화교류의 활성화를 유도하는 방안을 고려할 수 있다. 다만 문화교류의 유지와 지속성을 위해 일방통행식의 교류가 아니라, 꼭 등가일 수는 없어도 남북한 서로의 이해관계를 관철한다는 자세를 견지하는 것이 바람직하다.

문화교류를 어떻게 추진할 것인가, 하는 틀을 만드는 일은 당국의 몫이나 민간이 문화교류를 주도적으로 추진하는 것이 바람직하다. 남북 문화교류가 활성화되고 우리의 통일·대북 정책이 반영될 수 있도록 정부는 민간을 적극 지원해야 한다. 민간활동의 기초가 되는 시민사회의 성숙도가 아직 선진국에 미치지 못하는 우리의 현실에 있어서 이들에 대한 지원은 매우 중요하다. 민간 분야의 자율성과 정부의 행정적, 재정적 지원이 결합될 수 있는 다양한 협력방안이 강구돼야 한다.

남북한의 통합이 문화적이고 심리적인 융화만으로 해소되는 것은 물론 아니다. 보다 실질적으로는 경제적 여건과 제도적 조건

등 실생활에 밀접한 욕구도 함께 충족돼야 공동체의식이 확보될 수 있다. 그럼에도 불구하고 문화통합이 중요시돼야 하는 이유는 여타 제도적 통합에 비하여 장시간에 걸친 노력을 필요로 한다는 점이다. 문화통합이 완결될 때까지 통일의 과정은 지속되는 것이며, 통일 전과 후에 걸쳐 남북 문화교류가 부단히 추진돼야 할 이유다.

《환경일보》 2014년 8월 27일자

2011년 10월 최북단 고성에 위치한 경동대학교의 통일관 개관기념 행사로 소장하고 있는 북한 예술품들로「북한 예술문화 작품전」을 개최했고, 2012년 4월 화천갤러리, 동년 7월 속초시립박물관로 이어졌다.

인천아시안게임,
남북 사회문화
교류협력의 물꼬?

2014년 5월 23일 북한이 인천아시안게임에 참가를 결정함으로써 체육을 포함한 사회문화 분야 남북교류협력이 재개되고, 사회문화적 동질성을 높일 수 있는 계기가 되길 바라는 기대감이 높아졌다. 이 당시 10월 4일 대회 폐막식에 황병서 군 총정치국장, 최룡해 당 비서, 김양건 대남담당 비서 등 실세 3인방이 전격 참석하리라고는 누구도 예측하지 못했다.

'드레스덴 제안'에 대해 비난하던 북한이 2014년 9월에 개최되는 인천아시안게임에 대표단을 파견하겠다고 밝혔다. 드레스덴 제안의 핵심이 남북한 교류협력의 확대와 남북 주민 간 상호 동질성 회복에 있는 만큼 일단 북한당국의 결정을 환영한다. 스포츠를 포함해 사회문화적 교류협력이 중요한 이유는 여타 분야에 비해 통일과정에서 이룩되어야 할 사회문화적 통합이 장시간에 걸친 노력을 필요로 하기 때문이다.

남북 간에 정치적 합의를 통해 통일을 선포한다 하더라도 남북 주민 간의 사회문화적 통일이 완결될 때까지는 통일과정이 지속되는 것으로 보아야 한다.

우리는 평화적 통일을 지향한다. 사실 독일의 통일이 평화적으로 진전될 수 있었고, 동독 주민들이 서독체제를 받아들였던 주 요인도 분단된 동서독 간에 서독의 일관된 이니셔티브로 사회문화 분야 교류협력이 활성화되었다는 데 있다. 1960년대 베를린 장벽이 설치되는 등 냉전의 어려운 상황 속에서 사회문화 교류협력이 일시 제한되거나 차단될 때가 있었다. 그러나 브란트 수상은 양 독일 간 교류협력의 문제점과 한계가 근본적으로 양독 정부의 공식적 접촉과 제도적 합의의 부재에 기인했다는 인식에서 출발해 신동방정책을 추진하면서 양 독일의 관계를 '규제된 대결'에서 '규제된 협력'으로 전환시키고자 노력했다. 그리고 그 연장선상에서 안보에 바탕을 둔 교류협력, 정부와 민간 차원의 교류협력을 동시에 추진하면서 동독과 교류협력을 위한 제도적 틀을 마련했다. 이 법적 제도화는 양 독일 간 교류협력 활성화를 위한 초석이 되었다.

이 과정에서 서독은 독일 문화에 대한 자긍심을 공감대로 삼아 사회문화 분야 교류협력의 필요성을 강조하는 동시에 정치적 논쟁은 가급적 줄이면서 민족문화 유산의 유지를 위해 노력했다. 상호 접근을 통한 변화를 일관성 있게 추구하고, 단계적인 접근 방향인 '작은 걸음의 정책'(die Politik der kleinen Schritte)을 펴면서 동독의 반발을 줄여 나가는 현실적인 정책노선을 일관되게 추진했다. 이러한 서독의 대 동독정책은 정권이 진보당에서 보수당으로 바뀌어도 큰 변화 없이 지속되었고, 오히려 성과는 1980년대 콜 수상 시기에 나타났다. 양 독일 간 사회문화 교류협력은 문화예술인의 교환방문과 공연이 주종을 이루면서 학술, 체육, 청소년, 언론·방송, 종교 분야 교류협력으로 점차 확대되었다.

1986년 체결된 「문화협정」은 정부·민간 부문을 망라해 교류협력이 획기적으로 증대되는 계기가 되었다. 사회문화 공동체의 형성을 내다볼 수 있게 하고 민족이질화라는 우려를 씻어낼 수 있는 계기를 마련했다.

서독의 사례가 우리에게 줄 수 있는 시사점으로 먼저 남북관계 전반에 걸쳐 교류협력이 활성화될 수 있는 여건을 한국정부가 국내외적 차원에서 마련해야 한다는 점을 들 수 있다. 동독정권의 부정적, 혹은 소극적 태도에도 불구하고 서독이 대 동독 교류협력정책에서 성과를 거둘 수 있었던 이유는 서독정부가 '접근을 통한 변화'란 정책기조를 일관되게 추진했기 때문이다. 동시에 이러한 독일정책을 국제사회, 특히 독일 분단의 관리와 극복에 관해 국제법적 권리를 가졌던 전승 4개국이 용인하거나 지지하도록 외교적 노력을 기울였기 때문이다.

다음으로 동서독과 남북한 상황의 차이를 감안해 한국정부가 사회문화 교류협력정책의 세부지침을 구체적으로 마련해야 한다는 시사점을 준다.

특히 동서독 간 교류협력의 활성화가 양 독일 간에 합의된 법적 제도화에 비롯되었다는 점을 고려할 때, 남북 간에도 향후 협의될 수 있는 사회문화 분야 교류협력 관련 협정과 주요 조항에 따른 구체적인 추가의정서를 지금부터 준비해 놓아야 한다.

북한과의 사회문화 교류협력 활성화를 위해서는 또한 북한의 사회문화에 대한 심층적·과학적 분석과 평가와 함께 교류협력에서 예상되는 문제도 종합적인 측면에서 대비해야 한다. 특히 주체사상의 이념문화가 사회문화 교류협력에서 어떠한 양상으로 나타날 것인가를 면밀히 연구해 이를 효과적으로 대응할 수 있는 방안을 강구해 놓아야 한다.

이를 위해 사회문화 분야의 교류협력을 위한 전문가들을 꾸준히 양성하는 데도 노력을 기울여 한다. 서독의 경우 정부기관, 대학·연구소, 각 정당 및 재단, 민간단체 등에 속한 다양하고 폭넓은 전문가그룹을 양성하고 지원했다.

남북관계의 정상화를 위해 넘고 해결해야 할 험난한 여정이 기다리고 있다. 평화통일을 지향하는 한 그 과정에서 남북 교류협력은 부단히 추진되어야 하며, 특히 민족의 동질성 회복에 크게 기여할 수 있는 방향으로 노력해야 할 것이다. 아시안게임을 물꼬로 남북한 간의 접촉과 교류가 체계적으로 이어질 수 있도록 잘 준비해야 할 것이다.

≪환경일보≫ 2014년 6월 18일자

3

통일준비

평양의 만경대학생소년궁전 방문 시 서예학생과 함께. 그로부터 '대한민국'을
받을 날을 소망한다(2003.3.22).

통일준비의
준비를
시작하자

2014년 대통령의 신년기자회견에서 '통일대박론'이 언급된 데 이어 '통일준비위원회'의 출범이 입에 오르내리는 때 물을 수밖에 없었다. 우리의 통일준비는 어디에 와 있으며, 과연 그것이 제대로 된 통일준비인지 국내적으로, 국제적으로 그리고 남북 간 측면에서. 그리고 통일준비에 국민들이 어느 정도의 시급성을 느끼고 공감하고 있는지….

현 김정은 체제가 안정적이냐의 여부에 많은 논의가 진행되고 있다. 안정적이라고 보는 견해는 장성택과 그 일파를 단호하게 숙청한 것, 권력엘리트들에 대한 인사의 칼날을 김정은이 마음껏 휘두르고 있다는 것, 북한 주민에 친근하게 다가서는 정치행보와 농업 부분에서의 생산성 향상 등을 들고 있다.

한편 안정적이지 않다는 입장도 동일한 사례를 다르게 해석하고 있다. 김정은이 권력을 확고하게 틀어쥐었다면 장성택의 숙청 시에 ≪노동신문≫의 한 면 전면에 걸쳐 구구절절이 그의 죄상을 설명할 필요 없이 "장성택은 반당·반혁명적 행위로 숙청됐다"는 단 한 줄의 통고만으로 족했을 것이며, 측근들의 좌천과 승진을 오락가락하는 것 역시 확고한 지도력의 부재를 반증한다고 본다.

과시욕으로 승마장과 물놀이장을 조성했지만 그것을 사용하는 북한 주민들이 과연 얼마나 될 것이며, 그것이 인민생활 개선에 얼마나 기여할 것인가라고 비판한다.

영농활동도 지금 시험하고 있는 분조도급제에서 가구당 토지를 배분해 생산하는 포전도급제가 본격 도입될 경우, 국가통제력은 저하되고 김정은이 생각하고 감내할 수 있는 이상으로 개인주의와 시장화가 크게 강화돼 결국 체제의 변화로 이어질 수밖에 없다고 판단한다.

최근 미국에서 열린 통일 관련 회의에서 한 미국 학자는 만약 북한에 변화의 움직임이 나타나고 급변사태가 발생하게 된다면 중국이 반드시 개입할 것이고 그렇게 되면 러시아를 포함한 국제사회의 개입도 우려된다면서 한국의 대응책을 질문했다.

군사적 대응조치까지 필요하다는 등 논의가 분분한 가운데 다음과 같이 대응했다. "만약 북한에 큰 변화가 일어난다고 해도 어떤 나라도 개입해서는 안 됩니다. 북한도 유엔회원국인 만큼 북한의 장래는 민족자결의 원칙에서 북한 주민들이 스스로 선택해야 한다는 내용의 결의서가 유엔총회와 안전보장이사회에서 채택되고 발표되도록 해야 합니다. 그리고 북한 주민들이 자유로운 분위기 속에서 그들 스스로의 의사를 표시하기 위해 필요하다면 유엔의 감시 하에 그들의 장래를 스스로 결정하는 투표가 이뤄져야 합니다. 지난 세기부터 지금까지 국제관계에서 가장 중요하게 존중되는 원칙인 민족자결권을 북한 주민이 자유로운 상황 속에서 행사해야 합니다. 그리고 그 결과를 유엔의 모든 회원국들은 존중해야 합니다."

다른 회의에서 만난 한 중국학자는 한반도의 통일 이후에도 미군이 주둔하게 된다면 중국은 절대 그러한 통일을 용납하지 않을 것이라고 단호하게 주장했다. 그것은 주권국가로서 자격이 없는 것이라고도 했다.

한반도가 자유민주주의의 기초 아래 재통일이 되고 한·미 상호방위조약에 의해 미군이 북쪽 지역에도 전개해 중국과 압록강과 두만강을 사이에 두고 군사적으로 대치하는 상황을 크게 우려하고 있다는 속내를 모르는 바 아니었다.

다만 그가 주권을 운운했기 때문에 다음과 같이 대응했다. "귀하는 통일된 독일이 주권국가라고 생각하십니까, 아니면 미국에 종속된 국가라고 생각하십니까? 만약 주권국가라고 생각하신다면 통일 이후 지금의 독일 땅에도 미군이 주둔하고 있다는 사실을 아십니까? 그것을 보고 통일독일을 종속국가라고 규정할 것입니까? 통일 이후에 한반도에 미군이 주둔하는가 아닌가의 여부는 통일한국의 정책적 판단에 달려 있는 것이지 주권성과는 무관한 것입니다."

북한체제의 현 상황 평가, 급변사태 발생 시 우리의 대응방향, 통일 이후 통일한국의 군사안보체제 구상 등의 논의는 한마디로 통일준비다. 통일 이전과 이후를 내다보며 통일·대북 정책을 확고하게 정립하고 국민통합을 바탕으로 국제무대를 향한 전방위 외교를 펼치는 통일준비이다. 그러면 자연스레 물을 수밖에 없다.

"우리의 통일준비는 어디까지 와 있습니까? 통일을 중앙정부, 지방정부, 공기업, 사기업, 학교와 시민단체, 언론 등이 어떻게 준비해야 합니까? 그 지침은 무엇이고 평가의 기준은 어떠합니까? 대 주변국 외교는, 국제사회를 향한 통일외교는 어떻게 어떠한 차별성을 가지고 진행돼야 합니까?…"

≪환경일보≫ 2014년 7월 16일자

통일준비위원회에
부치다

2014년 7월 15일 '통일준비위원회'가 공식 출범했다. 대통령이 위원장인 대통령 직속으로. 한반도 평화통일에 대한 국민적 공감대 확산, 통일 추진을 위한 구체적 방향 제시, 민·관 협력을 통한 한반도 통일의 체계적 준비를 목적으로 한다. 통일준비위원회 본연의 임무는 '통일준비'를 개념화하고, 그 기본 방향성을 제시하는 일이다. 현 정부를 넘어 대한민국의 통일준비역량이 지속적으로 강화될 수 있도록 말이다.

통일준비위원회가 출범했다. 지난 수십 년간 우리는 나름의 통일 준비를 진행해 왔다. 통일부와 민주평화통일자문회의를 비롯해 정부부처는 물론이고, 관련 국책연구기관과 민간사회단체를 망라해 통일을 염원했고 통일을 이끌어 내고자 고민했다.

그럼에도 불구하고 통일준비가 제대로 준비되지 않은 것이 엄연한 현실이다. 문제에 대한 보완이 필요했고 그 결과가 통일준비위원회다. 기존의 조직을 개·보수할 수도 있었지만, 현 정부는 대통령 직속으로 힘이 실린 새로운 조직을 선택했다. 통일준비위원회에 대한 평가는 시간의 몫이다.

중요한 것은 그 본래의 목적대로 민족의 대계에 기여할 수 있도록 애정을 가지고 지켜볼 뿐만 아니라, 힘이 닿는 한 돕는 것이다. 평가는 그 후의 일이다.

무엇보다 우선 '통일준비'가 무엇이며 통일준비를 어떻게 해야 할 것인가를 구체적으로 정립하고 국민 모두에게 다가가야 할 것이다. 중앙정부, 지방정부는 물론, 주요 공기업에 통일준비란 무엇이고 그것을 이행하기 위한 정책과 지침이 구체적으로 제시돼야 한다. 이들이 상시적으로 점검·평가돼 통일준비능력이 지속적으로 제고될 수 있어야 한다. 부처별, 기관별 협력은 기본이고 공적인 국제적 연대와 협업체제도 구축돼야 한다.

한편으로 시민사회와 민간기업과도 자발성에 기초한 통일준비를 함께 논의하고 함께 만들어 가는 노력을 부단히 전개해야 한다. 결국 국민 개개인이 통일준비란 가치관을 형성하고 그것에 기초해 각자가 삶 속에서 통일준비의 방향으로 행위로서 실천할 수 있도록 일상화돼야 한다.

통일준비는 국가개조다. 분단 상황에 익숙했고, 의식하지 않았건, 혹은 결론적으로건 분단관리에 초점을 둔 게 과거였다. 통일을 염두에 두는 통일·대북 정책과 분단관리에 무게를 두는 대북·통일 정책 간의 차이는 다음과 같이 설명될 수 있다.

금강산관광과 개성공업단지는 당시에 남북관계를 진일보시킬 수 있는 중요한 계기였다. 갈등과 대립만이 지속돼 왔던 상호 관계에서 그것도 갈등과 대립의 상징인 DMZ 인접의 넓은 땅덩어리를 대상으로 해 남북한 주민이 함께하는 대 사변이었다.

그런 의미 있는 역사를 추진했던 당시의 국민이, 정부가 이 사업을 통일로 이끌어 가는 적극적 계기로 삼았다면 지금의 금강산 관광과 개성공단의 모습은 판이하게 다를 것이다. 금강산관광사업을 위해서는 동해의 철도와 도로가, 개성공단을 위해서는 서해의 철도와 도로가 연결돼야만 했다. 철도와 도로를 통해 남한의 인력만이 북쪽으로만 오가는 것이 아니라, 남북한의 인력과 물자가 DMZ를 가로지르며 서로 오르내리는, 함께 어우러지는 상황이 만들어졌어야 했다.

비록 주 관광은 금강산에서 이뤄지더라도 작지만 남쪽의 설악산에서도 관광이 함께 이뤄졌어야 했다. 비록 주 공단은 개성에 위치하더라도 남쪽의 파주에도 작지만 남북이 함께하는 공단이 조성돼야 했다.

남북 간의 물꼬가 터지던 그 시기에 이러한 상황을 구현한다는 것이 얼마나 어려웠을 것인가를 모르는 바 아니지만, DMZ를 남북이 지속적으로 소통할 수 있는 통로로 만들고 이를 통해 한반도의 평화를 공고히 하면서 북한의 변화를 촉진했어야 했다. 그것이 통일준비에 입각한 통일·대북 정책이다.

통일준비는 국가성장을 위해서, 한반도와 동북아의 공고한 평화를 위해서, 한민족의 인간다운 삶을 위해서 통일은 선택이 아니라 필수란 믿음에 기초해 국가를 새롭게 도약시키겠다는 의지다. 어렵지만 반드시 걸어가야만 할 좁은 길이다. 누구도 가지 않은 우리만의 길을 만들어 가면서 완주해야 할 모두의 길이다.

국민들이 이 길을 제대로 이해하고 각오하고 동참할 수 있도록 이제 시작해야 한다. 국내적 차원에서 준비하고 국제적 차원에서 힘을 얻고 남북관계 차원에서 결실을 얻어야 한다. 종합적으로 구상되고 세부적으로 정립되어야 한다. 단계적이되 중층적으로 실천되어야 한다. 멀리 보되 통일이 단기적으로 압축적으로 진행될 수 있음을, 민족통일이되 세계시민이 함께 할 수 있는 통일이어야 함을 간과하지 말아야 한다.

　　통일은 전 세계에 살고 있는 모든 한민족이 축복하고 국제사회가 지지하는 가운데 한반도에서 남북이 하나가 되는 것이다. 북한이란 상대가 있되 북한을 포용해야만 하는 길이다. 북한에 다가가서 비전을 주고 그들 스스로 우리와 함께 하는 길에 동참하도록 이끌어야 한다. 여도 야도, 진보도 보수도, 젊은 사람도 나이 든 사람도 모두 함께 일궈내야 할 숙명의 길이다.

≪환경일보≫ 2014년 7월 30일자

4

독일통일

WIR SIND EIN VOLK

Wir sind ein Volk!

Wir bitten um Ihr
Verständnis
seit 1989

동독의 국가문장이 새겨진 어항을 뛰쳐나온 동독 주민(물고기)이 서독(주민)과 '우리는 하나의 국민'(Wir sind ein Volk)이란 의지 아래 1989년부터 새로운 독일을 함께 만들어 가는, 독일의 통일과정을 엽서로 상징화했다.

1989 베를린 드라마
감상법

2009년 11월 9일은 베를린장벽 붕괴 20주년이었다. 지난 20년 동안 많은 사람들이 주장했다. 독일 사정은 우리와 다르며, 독일통일방식은 우리의 선례가 아니다. 준비하지 못한 독일은 통일 이후 커다란 어려움을 겪었으니, 우리는 갑작스러운 통일을 추진해서는 안 된다고. 과연 그럴까? 자유민주주의에 입각한 평화적 합의통일을 지향하는 한 독일식이 해답이며, 많은 어려움 속에서도 성공적인 통합을 추진하면서 강력한 국가를 건설한 독일이 우리의 통일비전이다. 독일통일에 관해 부정적으로 논하던 많은 사람들이 그간 그들의 입장을 바꾸었다.

20년 전 오늘 분단과 냉전의 상징이었던 베를린장벽이 무너졌다. 갑작스러운 사태의 발생이었지만, 사실 베를린장벽은 이미 벌써 동독 주민들의 마음속에 무너져 내리고 있었다. 동독 주민의 삶의 질 개선에 초점을 두고 일관되게 추진되었던 서독의 정책에 의해 그들은 서독이 훨씬 더 인간다운 삶을 실현할 수 있는 사회라는 사실을 뼈저리게 깨닫고 있었다. 그리고 국제적 환경 변화에 의해 한순간의 기회가 주어지자 주저 없이 자유로의 행진을 실행했다.

서독은 동독의 주민들이 언젠가 다시 하나가 되어야 할, 잠시 떨어져 있는 독일민족임을 확고하게 밝혔다. 또한 탈주든 이주든 그들이 스스로의 선택에 의해 서독체제에 살고자 원한다면, 즉시 서독 국민으로 받아들여 서독 주민들과 똑같은 권리와 의무를 누리도록 했다.

헌법 정신과 인도주의, 민족주의와 동포애에 입각하여 서독체제를 원하는 모든 동독인을 받아들여 정착을 지원한다는 1950년의 「긴급수용법」이 이를 상징적으로 보여주었다.

서독의 '신동방정책' 역시 동독 주민들의 삶의 질을 개선하고, 주민 간에 커져 가는 이질감을 줄이는 대신 독일민족공동체에의 연대감을 키우고자 마련되었다. 접촉과 교류협력을 통해 조금씩 조금씩 동독체제와 동서독 관계를 변화시키고자 '접근을 통한 변화' 및 '작은 걸음의 정책'이 추진되었다. 교류협력을 통해 동독에 물질적 대가를 지불하되, 그 반대급부로 상호 방문, 서신교환 등 동독 주민들의 삶의 질 개선 원칙을 관철했다. 이를 통해 동독 주민들이 서독체제를 보고, 듣고, 느끼고, 판단할 수 있도록 했다.

동독 주민들의 삶에 대한 적극적 관심의 표현은 동독에 투옥되어 있는 정치범들을 서독이 돈을 지불하고 데려와 자유로운 서독의 국민으로 살게 하는 정치범 석방 거래, 이른바 '프라이카우프'에서 정점을 이루었다.

올바른 것을 주장하다 칭찬받아야 할 이들이 범죄인이 되어 받는 고통을 덜어주는 것이 정통성을 가진 국가의 책무로 받아들여졌다.

서독의 이러한 노력들은 동독 주민들의 마음속에 서독체제에 대한 희망의 싹을 심어주었고, 결단의 시기를 재촉했다. 그리고 마침내 기회의 문이 열렸다. 헝가리가 1989년 여름에 개혁정책의 일환으로 오스트리아와의 국경을 개방하자 동독 주민들은 즉시 행동을 개시했다. 헝가리 소재 서독대사관에 진입해 오스트리아를 거쳐 서독으로의 이주를 절규한 것이다.

서독은 동독 주민들의 희망을 저버리지 않았다. 즉시 헝가리와 협상해 헝가리가 사회주의형제국인 동독의 요구를 물리치고 이들의 자유여행을 허용토록 한 것이다. 길이 열리자 수만 명의 동독인이 움직이기 시작했다. 체코슬로바키아와 폴란드에도 동독인들이 밀어닥쳤다. 실개천으로 시작된 동독 내에서의 개혁과 자유를 위한 흐름이 도도한 역사의 물줄기로 전변되었다. 1989년 11월 9일 베를린장벽은 동독 주민들이 몸으로 밀어 무너뜨린 것이다.

베를린장벽 붕괴는 한반도통일을 염원하는 모든 이들에게 중요하면서도 형해화(形骸化)된 다음의 사실을 말해준다. 평화통일은 북한 주민들이 스스로 결단해 몸을 움직일 때 이루어질 수 있다. 그들에게 대한민국의 문은 항상 열려 있으며, 원한다면 그들을 대한민국은 어디에서든, 누구나, 얼마든지, 언제든지 국민으로서 받아들인다. 대한민국은 언젠가 함께할 북한 주민들이 인간다운 삶을 영위하는 데, 그리고 그들의 인권을 개선하는 데 적극적인 관심을 가진다.

대한민국은 이러한 원칙을 다시 확고하고 명확하게 밝혀야 한다. 북한 주민들의 마음속에 대한민국이란 희망의 싹을 심어야 한다. 죽음을 무릅쓰고 대한민국의 문을 두드리는 모든 북한 주민들을 전부 즉시 받아들여야 한다.

북한 주민들에게 실질적 도움이 되는 교류협력도 필요하다. 이산가족의 재결합, 국군포로와 납북자들 생환을 국가적 책무로 해결해야 한다.

대한민국이 이러한 노력을 지속적으로 기울인다면 북한 주민들은 언젠가 화답할 것이다. 베를린장벽을 스스로 부순 동독 주민들처럼.

≪국민일보≫ 2009년 11월 9일자

독일,
어렵지만
분단보다 낫다

전 세계에서 국민소득이 가장 높고 사회복지가 잘 되어 있으며, 질서가 안정된 국가의 국민들에게 "당신은 지금 행복하십니까?"라고 묻는다면, 과연 어느 정도가 긍정적으로 답할까? 만족 속에서도 불만족을 토로하지 않을까? 우리가 독일보다 통일을 더 잘 준비하자는 좋은 취지에서 통일 이후 독일이 직면한 어려움만을 너무 부각한 나머지, 통일을 두려워하게 되고 통일에 무관심해진 것은 아닐까? 독일이 통일 이후 제 분야에서 분단시절에는 상상도 할 수 없었던 강력한 국가를 건설하고 있는 통일의 힘을 너무나 간과했다.

독일 남부지역 뮌헨과 북부지역 베를린에서의 유학시절에 독일 친구들에게 통일을 원하느냐고 물었다. "아니. 동독이 사회주의를 한다고 하니 그들끼리 잘 살라고 해라. 왜 통일을 해서 세금도 더 많이 내고 골치 아픈 어려움을 겪어야 하느냐!"는 것이 언어,

기질이 확연히 다른 그들의 한결같은 대답이었다.

베를린장벽이 무너졌다는 소식을 듣고 달려간 브란덴부르크 개선문에서 본 역사적 현실은 '하나의 민족'이었다. 거기에는 계산적 이성이 아니라 민족적 감성으로 가득 찬 독일인만 있었다. 기쁨에서 우러나오는 눈물과 환희만 존재했다. 얼마 후 냉정한 계산이 다시 시작됐다. 서쪽에서는 높아지는 세금, 어려워진 생활환경, 뭔가를 줘도 고마워하지 않는다는 동쪽에 대한 괘씸함에, 동쪽에서는 실업, 새로운 사회체제에 대한 부적응, 서쪽이 자신들을 '2등 국민' 취급한다는 불쾌감에 불만을 가졌다.

통일을 연구하는 학자로서 이런 문제와 마주했다. 통일 후 6년이 지나던 즈음 어느 전문가에게 독일의 문제점을 묻자 이렇게 대답했다. "이제 더는 문제, 문제 하지 마십시오. 우리는 이제 아무 문제도 없습니다. 이러한 문제가 없는 나라가 세상에 어디 있습니까? 낮은 동독 수준의 경제를 세계 최상위의 서독 수준으로 끌어올리려 하는데, 사회주의사회를 자유민주주의사회로 탈바꿈시키려는 데 어려움이 없겠습니까? 동서주민 간의 갈등을 이야기하는데 당신의 나라에는 지역 간에 문제가 없습니까? 민주화된 미국에는 인종적, 문화적 갈등이 없습니까? 그것이 몇 십 년이 지나도 사라집니까? 독일은 통일로 인한 문제점은 없습니다. 우리는 우리 사회를 더 건강하고 강력하게 만들기 위해 약간의 어려움을 겪고 있을 뿐입니다."

많은 사람이 통일과정에서 동서독 간 화폐의 1 대 1 교환, 동쪽에 대한 대폭적인 경제지원과 같이 경제적 고려를 무시한 정치적 결정이 통일 이후 경제적, 사회적으로 큰 어려움을 초래했다고 주장한다. 이들에게 묻는다. "그런 정치적 결단이 없었더라면 과연 동독인이 서독을 받아들여 조속하고 평화적인 통일과 통합을 선택했을까요?" 경제적 부담과 어려움 때문에 통일을 천천히 했어야 한다는 여론이 독일에서 대세가 됐다. 부분적으로는 맞는 말이다. 그러나 급변했던 당시의 상황에서 정치적 의지와 결단이 없었더라면 제2차 세계대전의 전승 4국을 포함한 주변국이 "그래, 통일을 천천히 해라. 지켜봐주며 도와주겠다"고 했을까? 동독 주민이 인내할 수 있었을까?

통일된 독일은 큰 어려움을 겪었다. 하지만 주권을 완전히 회복했고, 라인강이 아니라 이제는 '엘베강의 기적'을 바라보며 유엔안전보장이사회의 상임이사국 자리를 공개적으로 주장한다. 전 세계에 당당하게 군대를 파견하고 유럽통합의 기관차 역할을 자임한다. 동서 간의 갈등도 있지만 동쪽 출신이 연방총리이고 축구국가대표팀의 주장이다. 어려움을 이야기해도 통일 이전의 분단시절로 돌아가자는 외침은 들리지 않는다.

통일을 이끌어 낼 수 있는 상황이 한반도에 도래한다면 어떤 어려움이 있어도 가능한 한 빨리 통일을 이룩하는 일이 민족대계에 맞는다. 주변 정세가 언제 어떻게 바뀔지 예측할 수 없기 때문이다. 통일 이후에 닥칠 어떠한 어려움도 차분하게 장기적으로 극복해야 할 일상적인 국가적 과제일 뿐이다. 일제로부터 벗어나 광복을 맞은 후 겪었던, 6·25전쟁이 끝나고 겪었던 어려운 삶을 은근과 끈기로 후세를 위해 꿋꿋하게 감내하고 걸었듯이. 베를린 장벽 붕괴 20주년을 바라보면서 통일에 대한 국민적 의지를 다시 한 번 통일할 때다.

≪동아일보≫ 2009년 10월 19일자

독일통일과
통일 24년 후
독일

1990년 10월 3일 독일은 통일되었다. 두 번이나 세계대전을 일으킨 원죄를 안고 살던 서독이 동독의 체제전환 과정에서 의도적으로 동독을 흡수통일하고자 시도했다면 아마 독일통일은 절대 불가능했을 것이다. 독일을 분단시켰던 미·영·불·소 전승 4국은 물론 어느 이웃국가들도 통일을 환영하지 않았을 것이다. 동독 주민의 결심과 행동, 민족자결권의 행사가 어느 국가의 반대명분도 근원적으로 차단시켰다. 더욱 중요한 것은 지난 24년간 통일독일이 많은 어려움을 겪으면서도 국가를 강력하게 성장시켰음은 물론, 내적 통합도 진척시켰다는 사실이다.

독일통일 24주년을 맞아 다시 한 번 독일의 통일을 생각해본다. 서독은 '통일'보다 '통합'에 초점을 뒀다. 통일은 미·소 간, 서방과 동방 간의 화해·협력 속에서만 가능하다고 판단하고, 국가를 성장시킴과 동시에 통일에 유리한 환경을 조성하기 위해 '통합정책'을 추진했다.

통합정책은 분단부터 통일에 이르기까지 세계정세의 변화에 따라 3단계로 구분·추진됐다. 먼저 미·소가 대결했던 냉전의 시기에는 미국을 중심으로 하는 철저한 '서방통합정책'을 통해 건국, 군사적 재무장과 NATO 가입, 경제성장('마샬플랜'에 의한 지원을 바탕으로 '라인강의 기적')을 이룩함과 동시에 서방으로부터 신뢰를 획득했다.

다음으로 미·소가 화해했던 긴장완화의 시기에는 '신동방정책'을 기조로 하는 '동방통합정책'을 추진해 소련, 폴란드와 우호조약을 체결하고, 동구권과의 관계 개선을 통해 동구의 거대한 시장을 획득함과 동시에 동독과 「기본조약」을 체결했다. 또한 동서 간 해빙의 분위기 속에서 1975년 「헬싱키최종의정서」를 통해 출범한 「유럽안보협력회의」(CSCE)의 촉매 역할을 했다.

1979년 소련의 아프가니스탄 침공을 계기로 시작된 신냉전의 시기에는 다시 서방통합을 중점으로 하되 CSCE를 통해 동구권과 간접적 협력을 지속하는 '균형정책'을 추진했다. CSCE를 무대로 유럽에서의 정치력을 발휘하면서 경제력을 바탕으로 동독 및 동구권과의 관계를 유지했다.

결국 서독은 국제정세의 가파른 변화 속에서 현실적, 능동적으로 대응하는 통합정책을 통해 국력을 증대시키고, 동·서방 양 진영에 서독이 과거의 파쇼국가가 아니라 함께 평화적으로 공동번영할 수 있는 훌륭한 파트너란 인식을 심어주면서 통일에 우호적인 분위기를 조성해 나갔다.

한편 서독은 통일에 유리한 국제분위기를 조성하면서 내독 간에는 동독 주민들의 인권과 삶의 질 개선에 초점을 두는 '독일정책'을 추진했다. 서독이 독일민족의 유일한 합법적인 정부임을 말 뿐 아니라 몸소 실천했으며, 그 중심에는 동독인을 포함해 지구 상 모든 독일인의 삶의 문제에 관심을 기울인다는 사고가 놓여 있었다. 동독정부와의 협상을 통해 동독 주민들이 제도적으로 서 독을 보고 듣고 느끼도록 했고, 동독 주민들의 삶의 질을 개선시 켰다. 특히 동독의 정치범들을 동독정부에 돈을 주고서라고 석방 시켜 이들을 서독에 데려와 자유롭게 하는 '정치범 석방거래'는 동독 주민의 인권문제에 대한 서독의 의지를 상징적으로 보여줬다.

결국 동독 주민들은 서독, 서독체제에 희망을 가지게 됐고, 마 침내 스스로 결단하고 움직여 1989년 11월 9일 베를린장벽을 무너 뜨렸다. 이어서 1990년 3월 18일 동독에서 처음이자 마지막으로 실 시된 자유총선거에서 동독 주민들은 서독체제로의 조속한 통일 을 정강정책으로 내세운 정당을 다수가 지지해 통일에 대한 의지 를 자발적으로 표출했다. 1990년 10월 3일 공식적인 법적 통일에 약 7개월 앞선 바로 이 날은, 동독 주민들이 민족자결권의 행사를 통해 통일염원을 만천하에 표출한 바로 '독일민족의 통일날'이었 다. 독일통일에 이르는 주단길은 서독이 깔아줬고, 동독 주민들 은 그 통일의 길을 당당하게 걸어와 '평화통일'을 이룩했다.

통일된 독일은 정치강대국이 됐다. 유엔안전보장이사회의 상 임이사국 자리를 당당하게 요구하고 있으며, 국제정치무대에서 강력한 영향력을 발휘하고 있다. 2003년 이라크전쟁에 대한 미국 의 참전 요구를 거부할 정도로 정치적 위상이 성장했고, 이러한 정치력은 분단시기에는 상상도 할 수 없었다.

통일독일은 전 세계를 무대로 하는 군사적 역할도 강화하고 있다. 통일 이전 서독은 NATO가, 혹은 그 회원국이 침략을 받을 때 이를 방어하기 위해서만 군사력을 사용할 수 있었다. 그러나 통일 이후 독일은 유엔 헬멧을 쓰는 것과 관계없이 전 세계에 군사력을 파견해 평화유지활동이나 군사적 활동을 펼치고 있다. 코소보 사태 시에는 전투에도 참가했다. 전 연방대통령 쾰러는 독일이 세계적 차원에서 국력에 상응하는 군사적 역할을 해야 한다고 공개적으로 발언했다가 사임했으나, 이러한 사고는 독일인 대부분의 공감을 얻고 있으며, 이는 분단시기에는 상상도 할 수 없었다. 독일은 현재 경제적 초강대국이다. 유럽연합 28개국의 총 GDP 가운데 약 1/3을 독일 혼자 차지하고 있다. 유럽 최강의 경제력을 자랑하고 있으며, 세계경제를 이끌고 있다. 엄청난 통일비

통일독일은 베를린의 중심에 19,000㎡ 크기의 '유대인학살추모공원'(Memorial to the Murdered Jews of Europe)을 건립해 과거를 반성하고 있다. 이것이 독일의 저력이다 (2010.10.4).

용이 투자로 되살아나 '엘베강의 기적'을 보이고 있다. 경제성장이 국민 간에, 구 동서독 주민 간에 고르게 배분되지 않은 문제는 안고 있으나, 통일비용이 큰 부담이 됐으나, 현재 독일의 경제력은 통일 이전과 비견할 수 없이 성장하고 있다.

내적 통일도 진전됐다. 동서독 주민 간의 심리적 장벽은 여전히 존재한다. 그러나 통일 15년 만에 동독 출신의 여성이 연방수상으로 지금까지 활동하고 있고, 연방대통령도 동독 출신이다. 동독 출신의 축구선수가 국가대표팀 주장과 감독을 맡는 등 동독 주민들의 활동과 역할이 커져가고 있다. 이렇듯 동서독 주민들은 새로운 강력한 독일을 함께 만들고 있다.

통일을 평화적으로 이룩한 독일은 현재 분단시기에는 꿈도 꾸지 못했던 강국을 만들었다. 독일의 24년 전·후를 정확하게 바라보면서 통일비전에 입각한 국가성장 및 통일·대북 정책의 내용과 방향을 각오할 때다.

《환경일보》 2014년 10월 8일자

5

북한 주민 여러분

이른 아침 무산시, 사람이 살고 있다(2015.3.13).

혜산시. 압록강 북측 방둑에 나무장벽이 세워졌다(2013.7.11).

김정은의
갈림길

2013년 12월 8일 북한 권력의 2인자였던 장성택 국방위원회 부위원장 겸 당 행정부장의 숙청이 결정되고 곧 처형되었다. 12월 9일 ≪노동신문≫은 한 면에 걸쳐 "앞에서는 당과 수령을 받드는 척하고 뒤에 돌아앉아서는 동상이몽, 양봉음위하는 종파적 행위를 일삼았다", "조선인민군 최고사령관 명령에 불복하는 반혁명적인 행위를 서슴없이 감행하였다" 등 장성택의 죄목을 빽빽하게 열거하면서 숙청을 정당화하고자 했다. 김정은의 권력이 안정되었다면 "장성택은 반당반혁명적 종파행위로 숙청되었다"는 한 문장으로 족했을 것이다.

북한의 정치제도는 주체사상에 기반을 둔 수령이라는 최고영도자에 의해 유일하게 통치되며, 영도가 세습되는 체제다. 수령이란 유일지도자가 당, 군, 사상 세 영역을 한꺼번에 장악하고 영도하는 통합의 체제다. 또한 어떠한 권력의 2인자도 용납하지 않는 수령 독재체제다. 그리고 수령은 '백두혈통' 내에서만 김일성에서 김정일로, 김정일에서 김정은으로 세습된다.

김정은은 영도의 계승론에 입각해 '최고사령관'(2011.12.30), 노동당 '제1비서'(2012.4.11), 국방위원회 '제1위원장'(2012.4.13)으로 추대되면서 당과 군을 장악하고 권력을 장악했다. '공화국 원수' 칭호도 받았다(2012.7.17). 현재 그는 권력의 내부적 안정화를 꾀하면서 새로운 수령의 모습을 보여주고자 노력하고 있다.

2012년 4월 새 헌법에서 북한이 핵보유국임을 명기하고, 핵실험과 장거리미사일 발사로 국민적 자긍심을 고양하면서 권력세습의 정당성을 보여주고자 했다. 2013년 3월 31일에는 경제 건설과 핵무력 건설을 동시에 추구하는 새로운 전략적 노선, '핵무력-경제건설'의 '병진노선'을 공개적으로 천명해 최고영도자로서 새로운 리더십을 보여주고자 했다.

동시에 주민생활의 직접 점검과 과감한 스킨십, 대중연설 등 공개적인 대중통치를 통해 대중친화적인 리더십도 보여주고자 한다. 문수물놀이장, 미림승마클럽, 잔디광장, 테마파크 등과 같은 국민 위락시설의 건설을 통해 주민에 다가서려는 것도 그 일환이다. 이를 통해 개인 우상화를 시도하고 있다.

북한을 유일통치하고 있는 수령으로서 최고영도자는 모든 권력을 장악하고 영도하고 있는 만큼, 모든 분야에서 자신의 능력을 보여줘야 하는 무한 책임이 있다. 정치외교, 군사, 경제, 사회문화 등 모든 측면에서 영도자로서의 능력을 보여줘야 하며, 만약 영도자로서의 능력을 발휘할 수 없을 경우에는 그것을 주민들이 인정하고 받아들일 수 있는 내·외부적 상황을 만들어야 한다.

그렇지 못할 경우에는 수령으로서 최고영도자의 리더십은 도

전받게 될 것이다. 장성택과 그 일파를 숙청하고 처형한 것은 김
정은의 영도에도 불구하고 이들 때문에 성과가 없었다고 책임을
전가하려는 의도와 현재의 어려운 상황을 북한 주민들이 받아들
이게 하고자 한 것으로 볼 수 있다. 또한 한·미 군사훈련 등을 근
거로 외부적 위협을 강조하는 것은 외부적 상황을 만들어 내부적
단속을 강화하려는 의도다.

김정은 체제가 안정을 유지할 수 있을지의 여부는 그의 성과,
특히 만성적이고 구조적인 경제난의 호전 여부에 달려 있다. 김정
은 역시 이러한 상황을 잘 인지하고 있다. 2012년 4월 19일 김정
은이 반드시 인민생활 수준을 개선해야 한다고 독려한 것도 그
절박한 인식에 근거한다.

위화도·황금평·라진 경제특구 개발에 이어 경공업, 농업, 관
광, 수출가공, 신기술 등의 분야에서 개발구 건설을 통해 경제회
생의 출구로 삼고자 한다. 해외투자 유치를 제고하기 위해 2012년
5월 합영위원회를 만들었고, 2013년 5월에는 「개발구법」도 만들
었다. 협동농장의 생산반조를 10~20명 수준에서 4~6명으로 축소
하는 농가책임생산제의 도입도 시험하고 있다.

또한 최고의 엘리트들로 구성된 자문기관으로 이른바 '1218
그루빠'*를 조직해 세계 각국의 경제발전모델도 연구하게 하고,
김일성종합대학과 조선사회과학원 등에도 대외교류를 통해 많이
배우라고 지시했다.

김정은의 이러한 노력에도 불구하고 권력엘리트들이나 주민
들이 어느 정도 만족할 수 있는 수준으로 경제가 회생되지 못할

---

* 현재 대외경제성 산하 '경제연구소'로 개편되었다.

경우, 북한 내에서는 불만이 표출될 수 있다. 체제개혁에 대한 목소리로 연결되거나, 급변상황으로 전개될 가능성도 있다. 다른 한편으로 주민들의 동요나 불만이 공개적으로 표출되지 못하도록 미사일 발사나 핵실험과 같은 군사력 과시는 물론, 제한적인 대남 군사도발도 다시 감행할 수 있다. 장성택과 그 일파의 숙청 및 처형과 같은 내부적 충격요법도 재연될 수 있다.

김정은은 갈림길에 놓여 있다. 북한 상황의 전개에 더욱 관심이 필요한 때다. 우리의 대비가 더욱 중요한 때다.

《환경일보》 2014년 3월 26일자

노동신문(2013.12.13)의 한 면에 걸쳐 보도된 장성택의 죄행에 관한
국가안전보위부 특별군사재판소 판결문이다.

김정은의
노림수

김정은이 신병 치료차 은둔한 상황에서 북한의 실력자 3인이 2014년 10월 4일 인천 아시안게임 폐막식에 참석했다. 전 세계가 관심을 가지고 지켜볼 우리가 만든 무대에서 그들은 생색내면서 북한을 홍보하는 등 치밀하게 계산된 전격적 행태를 보였다. 이처럼 북한은 밤낮으로 대남전술을 기획하고 실행하고 있다.

김정은 위원장이 다시 무대에 등장했다. 이번에는 할아버지 김일성 주석이 사용했다는 지팡이를 짚은 채다. 말년의 김정일 위원장이 떠오른다.

그는 서거 직전 아픈 몸을 이끌고 중국을 세 번이나, 그것도

1년 반 동안에 다녀왔다. 죽음이 다가오는 가운데 아들에 대한 권력세습은 물론, 그 아들에게 조금이나마 안정된 체제를 물려주고자 눈물겨운 혼신의 노력을 기울인 셈이다. 김정은 위원장 역시 이전보다 더 열심히, 인민을 위해 몸을 던지는 수령의 상을 각인시키고자 돌아다니고 있다.

북한권력 3인방의 기습적인 아시안게임 폐막식 참가는, 남북관계 해빙의 기대는 논외로 하고 전 세계의 이목을 자취를 감추었던 김정은 위원장에 끄는 데 성공했다. 폐막식 후 북한은 우리가 제안한 고위급 대화의 재개에 여운을 두면서도 NLL 침범, DMZ 내 총격 등의 핫뉴스를 연타하고 있다. 세계의 눈이 주시하는 가운데 NLL이 다툼의 여지가 있는 분쟁지역인 것처럼 보이게 하고, 남쪽의 '풍선 도발(?)'에 대한 자신들의 군사적 대응을 자위적 조처라 정당화하고 있다.

그간에는 외무상과 외무부상을 보내 유엔은 물론 국제사회를 순방하며, 새로운 김정은의 북한을 보여주고자, 자신들의 입장을 공세적으로 주장하려고 노력한 바 있다.

치밀하게 의도한 결과였건, 혹은 자본주의 저널리즘의 결과건 간에 이제 김정은 위원장은 국제적 인물이 되었다. 그의 일거수일투족이, 북한의 행태 하나하나가 매스미디어의 큰 지면을 차지하고 있다. 김정은 위원장은 이를 즐기면서 세계를 상대로 장기를 두고 있는 셈이다. 자신의 새로운 리더십을 보여주고, 한반도 긴장의 책임을 남쪽에 전가하면서 국제사회를 향한 새로운 판을 짜고자 한다.

한편 평생을 옥좌에 앉아있을 꿈을 꾸는 그로서는 5년 임기의 남쪽정부에게 시간적 여유가 없다고 인식할 수 있다. 집권 2년차에 남북관계는 막혀있고, '한반도 신뢰프로세스', '그린 데탕트', '드레스덴 선언', 'DMZ세계생태평화공원', '통일준비위원회' 등 어느 곳에서든 성과를 내어야 할 상황으로, 자신과의 돌파구가 남쪽 정부에게 그야말로 절실한 시기라고 판단할 수 있다.

어떻게 김정은 위원장을 상대할 것인가? 무엇보다 그가 처한 상황에 대한 정확한 인식이 중요하다. 모든 것을 장악하고 무소불위로 행사하되, 모든 것에 책임져야 하는 것이 '수령'의 숙명이다. 지팡이에 의지해 전국을 누비면서 그는 자신의 지도 아래 성과를 거두어야만 하고, 인민들에게 특히 그의 권력을 지탱하고 있는 군부를 포함한 권력엘리트들에게 무엇이라도 나누어 주어야 한다.

이를 위해선 특히 미국과의 관계 개선이 중요하고, 그 과정에 남쪽에 유연한 대응도 필요하다.

우리가 마련한 세계적 행사에 무임승차해 김정은 위원장을 선전하는 동시에 대화의 문도 열어보이되, 그들이 대화를 주도하고 의제를 선정하면서 우리의 활동공간을 제한하고자 한다. 이것이 NLL과 DMZ 도발의 배경인 셈이다. 북한은 우리와의 대화가 그들 의도대로 풀린다면 적절하게 협력하는 모양새를 취하면서 대가를 획득하고, 그것을 징검다리로 미국에게 다가가고자 한다.

김정은 위원장이 큰 판을 그리고 있을지도 모른다. 수령으로서 자신을 전 세계에 화려하게 부각시키면서, 일거에 우리로부터 대규모의 큰 실속을 챙길 수 있는, 그리고 미국과 국제사회에 접근할 수 있는 '그랜드 디자인'을 만지작거리고 있을 수 있다. 6·15와 10·4 선언을 뛰어넘는 내용도 제안될 수 있다. 'DMZ세계생태평화공원', 혹은 새로운 남북산업단지 조성도 포함될 수 있다.

만약 남쪽이 뜻대로 응하지 않는다면, 모든 책임을 우리에 전가하고, 최소한 개성공단은 유지해 통치자금을 벌어들이면서 체제안정을 위한 시간을 벌고자 한다. 그리고 남한사회 내 대북정책을 둘러싼 갈등을 유인하면서, 대 러시아, 일본, 유럽 접근정책을 강화할 것이다.

김정은 위원장의 노림수를 냉철하게 직시하면서 국가성장과 통일을 동시에 실현시키려는 현실적인 '실익정책'(Realpolitik)을 준비하고 추진해야 한다. 국가안보를 확보하는 바탕 위에 북한의 노동력, 자원, 토지를 이용해 국가를 성장시키면서, 남북 간 교류협력 자체를 남북 주민 간 동질성 회복의 무대로, 북한의 변화를 위한 과정으로 활용하면서 통일의 길을 진척시켜 나가야 한다. 남과 북의 수 싸움이 치열하게 벌어지고 있다.

원칙에 입각하되 궁극적 목적 달성을 위해 유연하게, 멀리 보되 하나하나 단계적으로 국가이익을 충족시켜 나가는 국가전략이 준비되고 체계적으로 전개되어야 한다.

≪환경일보≫ 2014년 10월 29일자

너무 늦으면
역사가
심판한다

건국 40주년을 맞으며 동독공산당 서기장 에리히 호네커는 고르바쵸프를 동베를린으로 초대했다. 1989년 여름 많은 동독인들이 헝가리와 체코슬로바키아를 거쳐 서독으로 탈출하고, 동독 도처에서 데모가 벌어지는 와중에 호네커는 고르바쵸프가 자신의 뒤를 굳건하게 받쳐줄 것을 기대했다. 그러나 비공개 정상회담에서 고르바쵸프는 "삶은 용기 있는 결단을 요구한다. 너무 늦게 오는 자를 삶은 처벌할 것이다"(Das Leben verlangt mutige Entscheidungen. Wer zu spät kommt, den bestraft das Leben)라고 호네커에게 충고했다고 한다. 사실 그렇게 말했는지 여부는 확인할 수 없지만, 호네커가 그날 밤 변화의 요구를 반박하며 보여준 100만 명의 횃불군중 시위는 고르바쵸프가 그렇게 말했을 개연성을 높이기에 충분했다.

1989년 10월 7일은 옛 동독, 독일민주공화국이 건국한 지 40주년이 되던 날이었다. 당시 폴란드, 헝가리, 체코슬로바키아 등 동구 사회주의국가에서는 고르바쵸프 소련 공산당서기장의 개혁(페레스트로이카)과 개방(글라스노스트) 정책의 영향으로 거센 변혁의 물결이 몰아쳤다. 그러나 동독 수뇌부는 민중의 변화 요구를 묵살했다.

그해 여름부터 동독인 수천 명이 폴란드, 헝가리, 체코슬로바키아 등의 서독대사관에 진입해 망명 허용을 절규했다. 이들 사회주의형제국은 동독의 반대에도 불구하고 서독행을 허용했으나 동독정부는 귀를 닫고 있었다. 이에 라이프치히를 비롯한 주요 도시에서 개혁을 외치며 거리로 나선 동독 인민의 구호는 간단명료했다. "우리가 국민이다"였다. 노동자와 농민, 즉 인민이 주인인 인민민주주의를 표방하고 건국한 동독에서 우리는 굴종과 억압, 착취를 강요당하면서 살아왔다. 주인이 아니라 노예였다, 그러나 우리가 진정한 나라의 주인이다. 이제 자유와 민주주의를 누리면서 인간답게 살고 싶다는 것이었다.

동독 건국 40주년을 축하하기 위해 동베를린을 방문한 고르바쵸프는 호네커 동독 공산당서기장과의 정상회담 연설에서 "삶은 아주 늦게 오는 자를 벌할 것"이라며 변혁을 촉구했다. 이에 맞서 호네커는 동베를린의 막스·엥겔스 광장에 100만 군중을 동원해 거대한 횃불집회를 열고 "독일민주공화국은 앞으로 100년 더 지속할 것"이라며 흔들림 없는 공산당 독재를 천명했다.

그러나 한 달 뒤 베를린장벽은 붕괴되었고, 동독은 역사의 무대에서 사라졌다. 호네커 자신은 망명과 송환 및 재판, 다시 망명을 거쳐 이국땅에서 최후를 맞았다. 역시 변화를 거부한 루마니아의 차우체스쿠는 군중 봉기와 쿠데타 와중에 총살당했다.

통일된 독일에는 지금 북한인 수백 명이 거주하고 있다고 한다. 이들의 상당수는 사회주의형제국 동독이 왜 무너졌는지, 어떻게 하면 동독과는 다른 길을 갈 수 있을까 살펴보고 있을 것이다. 지난 20년간 북한은 우리 이상으로 독일식 통일을 연구, 분석했을 것이다. 북한 수뇌부는 자신들은 결단코 동구 사회주의국가의 전철을 밟지 않을 것이라고 공언하고 있다.

그러나 자유와 민주주의, 복지는 보편적인 가치다. 오늘날 모든 국가, 모든 국민이 그 방향으로 나아가고 있다. 공산혁명을 일으켰던 사회주의종주국 소련, 나치 게슈타포의 전통을 이은 비밀경찰 슈타지의 철통같은 감시 속에 있던 동독, 폴란드, 헝가리, 체코슬로바키아, 루마니아의 주민들도 이 길에 동참했다. 심지어 공산당 독재를 고수하는 중국도 그 길로 다가가고 있다. 인간으로 태어나 인간답게 살고 싶다는 요구는 어떠한 이념과 가치로도 억누를 수 없는 인간의 기본 욕구이고 권리다. 이러한 역사의 대세에서 북한 주민만 예외가 될 수 없다. 조선민주주의인민공화국 인민이 주인으로서 대접받지 못하고 자유로운 의사표명의 기회를 박탈당하면서 가난의 고통에 시달리고 있다면, 그들 역시 언젠가는 인간답게 살 권리를 반드시 주장하게 될 것이다.

남북한이 상생공영하면서 평화로운 통일을 준비하는 것이 우리 민족에게 가장 소망스러운 일이다. 북한당국이 해야 할 가장 중요한 일은 그들의 주장대로 인민을 인간답게 살 수 있도록 하는 것이다. 자유, 민주, 복지 등 인류 보편적 가치를 북한 주민에게 돌려주는 것이다. 이를 위해 필요하다면 남한과의 협력도 마다하지 않아야 한다. 핵문제, 경제난 등 헤쳐가야 할 난제들에 첩첩이 둘러싸인 북한당국이 같은 민족으로서 함께 문제를 풀어가기를 기대한다.

《한국일보》 2009년 10월 10일자

김정은
위원장에게
고함

한반도의 통일과 통일한국의 정체성은 남북한 주민들이 결정해야 한다. 남과 북은 인간다운 삶을 영위할 수 있는 사회를 만드는 데 각자 노력하면서 선의의 경쟁을 해야 한다. 북한이 그러한 사회를 만들지 못할 경우 북한 주민에 의한 변화는 필연적일 수밖에 없을 것이다. 특히 북한당국이 북한 주민들에게 약속한 인간다운 사회를 만들지 못한다면 그 책임은 북한당국이 반드시 져야 하고, 현재 북한의 상황은 당국이 약속과 의무를 져버린 결과다. 국제사회가 여기에 대해 큰 소리를 내기 시작했다.

유럽연합 등이 제안하고 우리가 공동제안국으로 참여한 북한인권 결의가 2014년 11월 18일 제69차 유엔총회 3위원회에서 찬성 111, 반대 19, 기권 55로 채택됐다. 이번 결의에는 인권을 이유로 북한과 국교를 단절한 보츠와나 등 역대 최다인 60개국이 공동

제안국으로 참여했다. 결의안의 채택에 앞서 쿠바가 북한 인권상황의 국제형사재판소(ICC) 회부를 삭제하자는 등의 수정안을 냈으나 부결됐다. 이번 결의는 인도에 반하는 죄를 포함해 북한 내에서 조직적이고 광범위하며 심각하게 자행되고 있는 인권침해를 규탄하면서, 북한이 인권침해를 즉각 중단하고 유엔 '북한인권조사위원회'(COI)의 권고를 이행할 것을 촉구하고 있다.

또한 유엔 안전보장이사회가 인권침해 책임규명과 관련해 북한 상황을 ICC에 회부하는 방안과 인도에 반하는 죄에 가장 책임 있는 자들에 대해 효과적이고 선별적인 제재를 부과하는 방안을 검토하도록 하고 있다. 아울러 북한이탈주민 보호와 관련해 모든 국가들에게 강제송환금지 원칙을 존중할 것을 촉구하고 있다. 지난 3월 채택된 유엔인권이사회의 북한인권 결의에 이어 이번 유엔총회에서 보다 강화된 결의가 채택된 것은 북한인권 상황이 심각하다는 국제사회의 우려와 의지가 반영된 결과다.

2014년 1월 1일 김정은 위원장이 육성으로 신년사를 발표했다. 그는 조선노동당이 인민을 위해 복무하는 당으로써 시대와 역사 앞에 지닌 영예로운 사명을 다하며 인민을 위해 더욱 헌신할 것이라고 확신하고, 문수물놀이장과 마식령스키장 등을 만들어 인민들의 행복의 웃음소리가 더 높이 울려 퍼지게 됐다고 주장했다.

농업과 축산을 적극 발전시켜 더 많은 알곡, 고기와 남새, 버섯이 인민들에게 차려지도록 하고, 보건 부문에서 인민들의 건강증진을 위한 치료예방사업에 힘을 넣어 인민들에게 사회주의 보건제도의 혜택이 더 잘 미치도록 하겠다는 내용이었다. 또한 모든 일꾼들이 인민들의 요구, 대중의 목소리에 무한히 충실해 언제나 인민을 위해 헌신하는, 인민의 참된 심부름꾼으로 살며 일하게 해

오직 인민들이 바라고 좋아하는 일을 하게 함으로써, 무슨 일을 하든 인민들이 덕을 보게 할 것이라고 선언했다.

이러한 김정은 위원장의 의지와 노력이 그대로 실천되기를 진심으로 기원한다. 그리고 같은 민족, 같은 인간인 북한 주민들이 김정은 위원장이 선언한 바와 같은 인간다운 삶을 영위할 수 있기를 진심으로 희망한다.

다만 유엔에서 대북 인권결의를 지지한 국제사회가 현재 인식하고 접하는 북한 주민들의 삶의 실상은 김정은 위원장이 주장하고 선언하는 것과는 너무나도 다르다는 점을 지적하지 않을 수 없다. 민족, 국가, 인종에 상관없이 인간이라면 누구에게나 인정되는 보편적인 권리인 인권을 현재의 북한 주민들이 전혀 누리고 있지 못하다고 결론짓지 않을 수 없다.

북한 주민들은 가장 기초적이면서 중요한 권리인 생존권, 즉 먹는 문제도 해결 받고 있지 못하다. 양질의 의료혜택과 수준 높은 문화생활의 향유는 현재로선 꿈같은 얘기이며, 생명권을 유린하는 대표적인 행위인 공개처형도 지속되고 있다. 북한이 종교박해국가이며, 어떠한 종류의 종교의 자유도 실제 누릴 수 없다는 것이 국제사회의 평가다. 국제인권단체 프리덤하우스는 북한을 시민적, 정치적 자유가 없는 최악의 나라로 지목했다.

북한을 이끌고 가야 할 법적 책무를 진 김정은 위원장은 자신의 말을 실천해야 한다. 자신이 신년사에서 밝힌 바를, 북한 통치체제의 기초를 규정한 최고의 법규이며, '무오류'의 '신'적 존재로 추앙하는 김일성의 헌법으로 명명한 북한헌법에 명확하게 규정된 법조문에 근거해 현실화시켜야 한다.

헌법 제2조에 따라 북한 주민들의 자유와 행복을 실현해야 한다. 헌법 제8조에 따라 북한 주민들이 모든 것의 주인이고, 북한 주민들의 이익을 옹호하며 인권을 존중하고 보호해야 한다. 헌법 제25조에 따라 북한 주민들에게 먹고 입고 쓰고 살 수 있는 온갖 조건을 마련해야 한다. 헌법 제64조에 따라 모든 북한 주민들에게 참다운 민주주의적 권리와 자유, 행복한 물질문화생활을 실질적으로 보장해야 한다. 헌법 제67조에 따라 북한 주민들이 언론, 출판, 집회, 시위와 결사의 자유를 가지고, 민주주의적 정당과 사회단체의 자유로운 활동조건을 보장해야 한다. 헌법 제68조에 따라 북한 주민들이 신앙의 자유를 누리게 해야 한다.

인권 결의에 반발해 새로운 핵 실험으로 국제사회를 협박할 것이 아니라, 할아버지의 이름으로 명명한 헌법에 따라 김정은 위원장이 할아버지에게 부끄럽지 않도록 그 헌법의 길을 가기를 진실로 원한다. 핵 개발은 북한 주민들을 세상에 부러움 없이 잘살게 하는 것이 아니라, 그로 인해 북한 주민들 마저 세상으로부터 외면하게 만들고 더욱 큰 고통으로 이끄는 좁고 어두운 길임을 이제는 깨닫기 바란다. 핵 없이도 함께 잘살 수 있는 넓고도 밝은 길에 대한민국은 여전히 버티고 서 기다리고 있음을 고한다.

《환경일보》 2014년 11월 26일자

조선민주주의인민공화국
인민 여러분!

북한도 헌법을 통해 기본권을 보장하고 있다. 물론 여러 제한적인 장치도 있다. 문
제는 그 보장된 기본권이 제대로 지켜지지 않고 있는 현실이다. 모든 권리는 투쟁
에 의해 쟁취된다는 루돌프 폰 예링은 모르더라도, 오늘날 대한민국이 누리는 자
유와 민주주의가 저절로 얻어진 것이 아니란 사실 정도는 북한 주민들이 반드시
깨달아야 한다.

자유민주주의 국가에서는 일반적으로 주권자인 국민이 그들의
대표자를 선출해 그들로 하여금 국가정책을 결정하도록 하는 대
의제도 원리와 국가권력을 입법·사법·행정 등으로 나누어 견제
와 균형을 이루려는 권력분립 원리를 채택해 참정권을 보장하고

있다. 북한도 통치구조의 기본원리로서 대의제도 원리를 수용하여 입법기관의 역할을 하는 최고인민회의와 도·시·군 인민회의 대의원을 선거를 통하여 선출하고 있다. 하지만 권력분립 원칙을 거부하고 일당독재체제를 수립한 북한에서의 선거는 자유민주주의 국가의 선거와는 근본적인 차이를 보이고 있다.

북한 사회주의헌법은 "근로인민은 자기의 대표기관인 최고인민회의와 지방 각급 인민회의를 통해 주권을 행사"(제4조)하며, "군인민회의로부터 최고인민회의에 이르기까지의 각급 주권기관은 일반적, 평등적, 직접적 원칙에 의하여 비밀투표로 선거"(제6조)한다고 규정하고 있다. 북한의 선거법도 최고인민회의 선거는 5년에 한 번씩, 도·시·군 인민회의 대의원 선거는 4년에 한 번씩 일반·평등·직접·비밀투표를 통해 실시한다고 명시하고 있다. 하지만 사회주의헌법은 "모든 국가기관들은 민주주의 중앙집권제 원칙에 의하여 조직되고 운영"(제5조)되며 "조선로동당의 령도 밑에 모든 활동을 진행"(제11조)하도록 규정하고 있어 최고인민회의와 지방 각급 인민회의는 실질적으로 노동당의 통제를 받고 있다. 북한 사회주의헌법은 "17살 이상의 모든 공민은 성별, 민족별, 직업, 거주기간, 재산과 지식정도, 당별, 정견, 신앙에 관계없이 선거할 권리와 선거 받을 권리를 가진다"(제66조)고 규정하고 있다. 그러나 최고인민회의와 지방 각급 인민회의의 대의원 선거는 후보자 추천과 등록·투표 방법, 연좌제에 의한 선거권 박탈 등을 고려해 보면 사실상 노동당의 통제 하에서 진행되고 있음이 명백해진다.

선거에 출마하는 후보자는 선거구마다 1인씩 입후보하는 단일입후보제가 실시되고 있으며, 노동당이 사전에 엄격하게 선별하고 있다. 조선사회민주당과 천도교청우당의 후보들도 노동당의 엄격한 사전심사를 거쳐 선발된다. 선거 한 달 전부터 선거위원회가 조직되고, 분구별 선거위원회에서 명단을 작성해 분구의 선거를 관할한다. 중앙 및 지방 선거위원회는 당, 인민위원회, 보안기관, 각 동 대표로 구성된다.

투표방법에 있어서 기본적으로 일반, 평등, 직접의 원칙에 의한 비밀투표가 실시된다고 법적으로 규정되어 있지만, 후보자 선정과정에서 노동당이 지명하는 단일후보에 대해 찬반투표를 실시하고 있다. 선거가 다양한 정치세력들이 이념과 정책을 바탕으로 자유 경쟁하는 정치적 절차가 아니라, 노동당이 주도하는 권력구조와 엘리트 충원구조를 사후 승인하는 형식적 절차이자 주민들의 정치적 관심을 촉구하는 정치적 동원절차인 것이다.

또한 선거는 국가안전보위부의 주관 하에 철저한 감시 속에서 거행되며, 투표절차는 주민들이 투표용지를 받아 투표함에 넣는 것으로 끝난다. 주민들은 선거를 권리로 인식하는 것이 아니라 강제적 의무라고 생각한다. 만일 선거를 거부할 경우 '반동'으로 몰리기 때문에 특별한 경우가 아니면 모두 투표에 참여한다. 북한당국은 투표율을 높여 당에 대한 지지를 과시하기 위해 연로하거나 질병으로 투표장에 나올 수 없는 선거자들을 위한 이동투표함 제도를 실시하고 있다.

북한의 각급인민회의대의원선거법 제64조는 "투표는 무기명 투표방법으로 한다. 선거자에 찬성하면 표식을 하지 않으며 반대하면 후보자의 이름을 가로 긋는다"고 규정하고 있다. 하지만 주민들은 반대투표를 할 수 없으며, 그러한 생각조차 하지 못한다.

북한은 최고인민회의 대의원 선거에서 매번 후보자들에게

100% 찬성투표가 있었다고 선전하고 있다. 100% 찬성투표를 강조하는 이유는 투표를 대의원 후보자들에게 주는 지지의 한 표라는 의미를 넘어서 김일성, 김정일, 김정은으로 이어지는 '백두혈통의 가계'를 변함없이 높이 받들어 갈 일심단결의 한 표라고 간주하고 있기 때문이다.

2013년 12월 12일 김정은 위원장은 자신의 고모부이자 권력의 후견이었던 장성택 노동당 행정부장 겸 국방위원회 부위원장을 숙청하고 처형했다. 이튿날 북한의 조선중앙통신은 장성택이 김정은 위원장의 지시를 따르지 않는 천추에 용납하지 못할 대역죄를 지었다면서 김정은 위원장만이 유일한 영도자이고 그를 목숨 바쳐 수호하고 따라야 한다고 다음과 같이 주장했다. "세월은 흐르고 세대가 열백 번 바뀌어도 변할 수도 바뀔 수도 없는 것이 백두의 혈통이다. 우리 당과 국가, 군대와 인민은 오직 김일성, 김정일, 김정은 동지밖에는 그 누구도 모른다. 이 하늘 아래서 감히 김정은 동지의 유일적 령도를 거부하고 원수님의 절대적 권위에 도전하며 백두의 혈통과 일개인을 대치시키는 자들을 우리 군대와 인민은 절대로 용서치 않고 그가 누구든, 그 어디에 숨어 있든 모조리 쓸어모아 력사의 준엄한 심판대 우에 올려 세우고 당과 혁명, 조국과 인민의 이름으로 무자비하게 징벌할 것이다."

조선민주주의인민공화국의 인민 여러분, 어떻게 생각하십니까?

≪환경일보≫ 2014년 12월 10일자

'통일 마그마'가
꿈틀거린다

2011년 10월 30일 목선에 탄 북한 주민 21명이 서해상의 우리 측 해군 함정에 발견돼 인천을 통해 입국했다. 이들은 처음부터 귀순 의사를 밝혔다. 1989년 여름 헝가리를 통해, 체코슬로바키아를 통해 서독으로 탈출하고, 동독 도처에서 개혁과 개방을 요구하는 함성을 질렀던 동독인들이 떠오른다. 동구 사회주의국가가 모두 밑으로부터 변혁되었어도, 강 건너 단동이 상전벽해로 발전해 가는 상황을 나날이 목도해도, 방송을 통해 비할 바 없이 성장한 우리 사회의 모습을 직접 봐도, 개성공단에서 그들로서는 상상할 수 없는 작업환경과 기술조건에서 근무해도, 북한 주민만은 절대로 변하지 않고 개혁과 개방에 대한 목소리를 내지 못할 것이라 믿는 굳은 신념은 과연 어디에서 오는 것일까?

최근 목선을 타고 북한 주민들이 넘어오고 있다. 죽을 각오로 북한을 탈출하고 있는 것이다. 앞으로도 얼마나 많은 북한 주민이 마음을 들었다 놓았다 하며 고뇌할지 모른다. 분명한 사실은 그들이 움직이고 있다는 현실이다.

22년 전 수업을 듣다 그곳으로 달려갔다. 베를린장벽이 무너졌다는 것이다. 믿을 수 없는 광경이 눈앞에 펼쳐졌다. 손으로, 팔짱으로 연결된 인간장벽이 돌덩이장벽을 뒤덮고 있었다. 바늘구멍 틈새 하나 용납지 않았던 콘크리트가 벌써 깨어져 나가고 있었다. 동쪽과 서쪽에서 외치는 승리의 함성에 장벽은 더 이상 존재하지 않았다.

불과 한 달 전에 그곳에서는 휘황찬란한 군사 퍼레이드가 벌어졌다, 동독 공산주의의 사수를 위해서. 얼마 뒤 국민들에 의해 사살당한 루마니아의 차우체스쿠도 함께 있었다. 밤에는 100만 명이 횃불을 치켜들고 "동독이여 영원하라"를 외쳤다. 불과 한 달 후에 동독은 역사 속으로 사라졌다. 이제는 아니다, 더 이상은 참을 수 없다고 주민들이 떨쳐 일어서는 순간 동독 공산주의는 종말을 고했다.

우리는 평화적인 통일을 원한다. 어떠한 여건과 상황의 전개 속에서도 평화통일을 이룩할 수 있는 유일한 길은 북한 주민들이 그들 체제를 스스로 평가하고 결정하고 몸으로 보여주는 방법밖에는 없다. 그들이 자신의 체제에 만족한다면 그대로 족한 것이다. 다만 그들이 한국민(韓國民)이기 때문에, 인간다운 삶을 영위해야 할 같은 민족이기 때문에 객관적인 사실을 인지할 수 있게끔 기회를 주어야 한다. 평화통일을 원한다면 북한 주민의 눈과 귀를 틔워 주어야 한다. 동시에 대한민국을 보여주어야 한다. 자유, 민주, 복지, 인권 그 어느 측면에서도 북한이 견줄 수 없음을 그들이 체감하게 해야 한다.

사회주의종주국 소련도, 동독, 루마니아, 체코슬로바키아, 헝가리 등 모든 동구의 공산정권도 무너졌다. "더 이상 이렇게는 못

살겠다", "우리는 더 나은 삶을 원한다"는 주민들에 의해서. 변화는 밑으로부터 추동되었다. 그곳에서도 세뇌교육이 있었고, 비밀경찰에 의한 철저한 통제와 강압이 있었다. 시민사회를 경험하지 못한 리비아, 이집트, 튀니지 독재정권도 무너졌다. 과연 북한만 예외가 될 수 있을까, 주체사상 때문에?

헤엄을 쳐서, 배를 타고, 산을 넘어 북한 주민들이 움직이고 있다. 물론 의도적으로 그들을 부추겨서는 절대 안 된다. 다만 그들이 우리를 선택한다면 언제 어디서건, 얼마든지 환영해야 한다. 납북자, 국군포로도 인권문제이기 때문에 대한민국은 끝까지 이 문제 해결에 책임을 져야 한다. 못 먹고, 못 입고, 병으로 죽어가는 그들의 고통을 덜어 주어야 한다. 그것이 헌법정신에 입각한 대한민국의 책무다. 그러할 때 대한민국이란 희망의 등불이 북한 주민들의 심장 속에서 타오를 것이다.

죽음을 무릅쓰고 이 땅을 찾은 2만여 명 북한이탈주민의 삶에도 큰 관심을 쏟아야 한다. 그들이 원하는 삶을 이 땅에서 누릴 때 대한민국은 한민족 모두에게 정통성을 가지게 될 것이며, 북한에서 고뇌하고 있는 동포들의 결단을 재촉하게 될 것이다. 체제 변화건, 우리와의 통일이건 그들 스스로 결정해야 한다. 만약 통일을 향해 그들이 움직이고 우리가 화답할 때, 한민족이 민족자결권을 행사할 때 그 누구도 우리의 희망을 꺾지 못할 것이다. 그 환희의 순간이 과연 올 것인가 의심하는 마음의 장벽이 있다면 우선 그것부터 허물자. 베를린장벽도 무너졌다.

≪중앙일보≫ 2011년 11월 11일자

6

한·미 관계

국가성장과 통일의 디딤돌은 굳건한 한·미 관계다(2012.7.31 / 2014.7.1).

쇠고기 파동과
한·미 관계

2008년 4월 18일 "문제가 있을 수도 있는" 미국산 쇠고기를 수입하는 협상이 체결되면서 이른바 '광우병 파동'이 시작됐다. 대규모 가두시위, 촛불집회, 인터넷을 통한 대통령 탄핵 서명운동…. 그 가운데 반미구호가 등장했다. 통상문제로 국한되어야 할 사안이 반미감정으로 연결되어서는 곤란했다. 특히 지난 정부 시기 어려웠던 한·미 관계를 벗어나 전략적이고 현실적인 '실익정책'(Realpolitik)을 펼쳐야 할 시기에 말이다.

미국산 쇠고기 수입반대시위 속에 '반미' 목소리가 섞이고 있다. 우려했던 대로다. 국민의 건강은 국민의 복리증진을 추구해야 하는 국가의 책무이기에 논란의 여지가 없다. 다만 우리 앞에는 쇠고기 문제만 있는 것이 아니어서 문제다.

어려운 현실 속에서도 경제적 번영과 통일을 추구해야 하는 국가적·민족적 의무 앞에서 한·미 관계의 중요성을 되새겨야 할 시점이다. 여기서 다시 한 번 독일의 경우를 반면교사로 삼을 수 밖에 없다. 분단의 원인 등 여러 가지 측면에서 우리와 상황이 다름에도 구 서독의 외교정책을 되짚어 보는 것은 한반도 상황이 주변국들의 긴밀한 영향권 하에 놓여 있다는 엄연한 현실 때문이다. 분단기간에 서독은 경제회생과 분단극복이 유럽의 통합과 동시에 추진되어야 한다는 사실을 절감했다. 독일통일이 주변국들에게 줄 수 있는 우려는 유럽 전역에 평화적 공동번영을 담보할 수 있는 유럽통합과 맞물려 진행될 때만 해소될 수 있다는 사실을 알고 있었던 것이다. 서독은 이러한 현실을 직시하고 전승 4국을 포함하는 이웃국가들과의 협력을 통한 지역통합정책을 단계적으로 추진하면서 번영과 통일에 접근했다.

지역통합정책의 핵심은 독일과 독일민족에 대한 국제사회의 우려를 불식시키고, 서독이 국제사회와 공동번영할 수 있는 훌륭한 파트너라는 인식을 심는 것이었다. 통합정책은 '냉전 → 데탕트 → 신냉전'으로 전개된 세계정세의 변화에 능동적으로 대처하면서, '서방통합 → 동방통합 → 전 유럽통합'이란 다자적 차원에서 전개되었다. 뿐만 아니라 독·미, 독·불, 독·소, 독·폴, 독·독과 같은 양자적 차원에서 중첩적·복합적으로 진행되었다.

여기서 간과할 수 없는 사항은 미국과의 굳건한 동맹관계 속에서 통합정책을 추진했다는 사실이다. 서독은 미국의 현실적인 힘을 인정하고 미국이 전개하는 세계전략의 틀을 거스르지 않는 범위 내에서 현실외교를 추진했다. 냉전시기에는 서방통합으로 경제 및 군사력 배양을, 데탕트 시기에는 동구 사회주의국가 및 동독과의 관계 개선을, 신냉전의 시기에는 다시 한 번 대 공산권 방위의 전초기지 역할을 하면서 '유럽안보협력회의'(CSCE)를 무대로 유럽에서의 지도적인 역할을 이끌어 냈다. 그리고 그 연장선상에서 통일 가능성이 도래한 순간, 통일독일의 NATO 잔류를 확약해 미국의 지지를 통일의 밑거름으로 삼았다.

좀 더 잘살 수 있는 사회 건설을 위해 북핵문제 해결, 한반도 평화체제와 동북아다자안보협력, 동북아경제공동체, 나아가 동북아문화공동체의 형성이란 중차대한 국가전략 앞에서 독·미 관계를 한·미 관계의 거울로 삼을 수밖에 없다.

통일의 여건이 성숙되지 않은 상황에서 우리가 추구해야 할 정책방향은 우선 한국이 동북아 역내에서 평화적으로 공존공영할 수 있는 파트너 국가로서 확실하게 인식되게 하는 것이다. 그 과정에서 새로운 대미·대일 협력관계를 바탕으로 하는 대중·대러 협력정책 및 대북정책이 전개되어야 한다. 주변국의 입장에서 볼 때, 그들과 긴밀히 협력하고 있는 한국에 북한이 덧붙여져 활발한 협력관계가 형성되는 상황이 동북아 전체의 평화적 공동번영에 무리가 없다는 판단이 우리에게 중요한 것이다. 이는 훗날 하나의 국가를 형성하려는 남북 간의 조건이 일치하는 순간에도 그대로 적용된다. 이것이 우리가 추진해야 할 외교정책, 통일정책의 방향이다.

여기서 유념해야 할 것은 그 전 과정에 걸쳐 미국의 힘과 지지를 최대한 활용해야 한다는 사실이다. 북핵문제의 해결과 새로운 남북관계의 형성, 한 단계 높은 차원의 대외정책 구석구석에 미국의 뒷받침은 필수다. 한국과 미국이 동맹관계이기 때문에 서로 다를 수 있는 국가적 이익이라도 양해할 수 있다는 정도까지 신뢰

와 공감대를 형성시켜야 한다. '전략적인 한·미 관계'는 우리가
구축해야 할 절대적 명제다. 광우병 파동을 지혜롭게 극복해야
할 이유가 여기에 있다.

≪국민일보≫ 2008년 6월 16일자

성숙한
한·미 관계와
통일전략

한국와 미국은 동맹관계이기 때문에 일반 국가 간의 관계와는 달라야 한다. 자유민주주의와 시장경제란 가치를 공유하고 있기 때문에 북한의 변화방향에 있어서도 동일한 목표를 가져야 한다. 근본적이고 완전하게 북한의 핵문제가 해결되어야 한다는 데도 한 목소리를 가지고 내야 한다. 2011년 11월 한국에서 태어난 미국 국적의 주한대사 부임에 한·미 관계 개선에 대한 기대가 자연스럽게 일었다.

성 김 주한 미국대사가 활동을 시작했다. 한·미 수교 129년 만의 첫 한국계 대사라는 신분을 넘어 양국 동맹이 어느 때보다 중요하다는 점에서 그의 부임을 반긴다. 그에게 가장 시급한 과제는 역시 북핵문제일 것이다. 이 문제에 대한 답은 하나다. 6자회담의 당사국이고, 유엔안전보장이사회의 상임이사국이며 핵 초강대국인 미·중·러가 북한에 핵 폐기를 하라고 한 목소리로 압박할 때만 해결의 실마리를 찾을 수 있다. 중국과 러시아가 그러한 결단으로 나아가기 위해서 미국의 지원은 절대적이다.

한·미 관계는 대한민국이 고도의 선진민주국가로 성장하기 위한 디딤돌이기도 하다. 우리는 평화, 자본, 자원, 시장, 기술이 필요하다. 이를 위해 지역적, 세계적 차원에서 협력을 넘어 통합정책을 추진해야 한다. 특히 동북아지역에서 중국의 시장과 자원, 러시아의 자원, 일본의 자본과 기술, 미국의 자본과 안보지원 등을 위해 다차원적인 통합정책이 필요하다. 정치군사적으로 대화와 교류협력의 수준을 높이고, 경제적 차원에서는 역내 공동체의 형성을 목표로 노력해야 한다. 이러한 통합정책의 발판이 굳건한 한·미 관계이다.

평화적 통일을 이끌어 내는 데 유리한 국제환경의 조성을 위해 두 나라는 끝까지 손을 잡아야 한다. 주변국들이 서로 갈등하는 한, 특히 미·중이 대립하고 패권다툼을 벌이는 한 한반도통일은 요원하다. 통일은 주변국들, 특히 미·중이 상호 협력할 때 가능성이 높아진다. 미·중이, 미·일·중·러가, 그리고 북한이 역내 상생공영의 실현에 동참하도록 한국이 유인해내는 데 한·미 관계는 지렛대 역할을 할 것이다.

미국은 평화통일의 전기가 왔을 때 결정적인 영향을 줄 수 있다. 우리에게는 통일이 한반도의 완전한 평화를 의미하지만 주변국들은 다르다. G20 회원국이며 세계 10위권의 수출강국인 한국이 통일을 이뤄 남북한 7,000만 명이 일심으로 노력한다면 G7 진입이 꿈같은 얘기가 아니다. 분단시기에 정련시킨 남북한의 군사력은 어떤가. 강력한 통일한국의 대두 가능성, 또 통일 이후 전개될 한반도의 형세에 주변국들은 불안할 수 있다. 한반도에서 한민족이 통일에 합의하는 극적 상황이 전개될 때, 그것을 주변국들이 받아들이도록 설득할 수 있는 국가가 미국이다.

분단기간 동서독의 상황이 우리와는 다르고, 독일의 통일과정이 우리에게 동일하게 나타날지는 의문이지만 서독이 분단기간 국가를 성장시키고, 평화통일을 이룩해 내는 과정에서 보여준 대미정책을 눈여겨보아야 한다. 서독은 굳건한 미국과의 관계를 바탕으로 건국, 군사력 재건, 라인강의 기적을 이룩할 수 있었다. 미국의 동의를 토대로 소련, 폴란드 등 동구권과 관계를 정상화하고, 동독과 「기본조약」을 체결했으며, '동구'란 거대한 시장을 활용할 수 있었다. 그뿐인가. 미국과의 연대를 바탕으로 '유럽안보협력회의'(CSCE)를 출범시켜 유럽에서의 영향력을 강화하고 유럽의 변화에 일조할 수 있었다. 소련, 영국, 프랑스를 설득한 것 역시 미국의 확고한 지지를 바탕으로 삼았다. 미국의 세계정책과 함께 가면서 자국의 국가이익을 하나하나 실현시킨 것이 서독의 정책이었던 것이다.

한국과 미국은 동맹국이다. 동맹관계이기 때문에 단기적으로는 상호 정책의 방향과 내용이 다르더라도 용인할 뿐만 아니라, 오히려 힘을 실어줄 수 있는 정도에 이르기까지 관계가 깊어져야 한다. 그것을 받아들일 수 없는 관계라면 동맹이 아니라, 일반적인 국가관계일 따름이다. 한국과 미국 모두의 국가이익에 부합하면서도 평화통일에 기여할 수 있는 성숙된 한·미 관계의 형성을 우리 정부와 성 김 대사에게 기대해 본다.

≪국민일보≫ 2011년 11월 21일자

진정성이
북핵 해결의
관건

2009년 9월 미국 뉴욕을 방문 중이던 이명박 대통령은 '그랜드 바겐'(Grand Bargain)이란 이른바 북핵문제 일괄타결안을 밝혔다. 북한이 핵 프로그램의 핵심 부분을 폐기하는 조건으로 대북 안전보장과 경제지원을 해주겠다는 것이다. 북핵문제의 해결에 우리의 가장 중요한 우군인 미국과 사전에 '그랜드 바겐'에 어느 정도 합의했는가는 논외로 하더라도, 핵 초강대국이자 6자회담 당사국인 중국과 러시아가 여기에 동참할 수 있을 내용과 방법이 포함되어 있을까가 궁금했다.

정부의 대북 '그랜드 바겐' 제안과 한·미, 미·중, 미·일 정상회담에 이어 보즈워스 대북 특사가 곧 방북한다. 북한이 6자회담에 돌아와 핵문제 해결에 진정성을 갖고 대화를 시작하느냐가 중요하다. 그러나 더욱 중요한 것은 북한의 완전한 비핵화를 위해 나머지

5개국이 한 목소리를 내는 것이다.

북한의 핵무기가 가장 치명적 위협을 주는 국가는 한국이다. 엄청난 자원을 쏟아 부어 국가안보전략을 전면 재편하고도 핵 공포를 안고 살아야 한다. 또 북한이 핵무기를 보유하는 한 통일은 사실상 어렵다. 그럼에도 북핵문제 해결을 위한 영향력은 제한적이다.

북핵문제 해결에 가장 큰 관심을 가져야 할 국가는 비확산체제, 즉 NPT체제를 움직이는 핵 강대국들이다. 유엔안보리 상임이사국이며 6자회담 당사국인 미국, 중국, 러시아다. 이들이 한 목소리를 내지 못한다면 북핵문제 해결은 요원하다.

최근 미국 전문가들과 북핵문제를 토론할 기회를 가졌다. 직접 영변 핵시설을 조사했던 한 전문가는 그동안의 국제적 노력을 성공적이었다고 평가했다. 북한의 핵무기 보유능력을 크게 제한한 것은 성과였다는 얘기다.

북한의 완전한 비핵화 목표에 5개국 모두가 공감대를 형성하고 있으리라는 기대를 무너뜨리는 말이었다. 이러한 시각이 존재하는 한, 북핵문제의 해결은 어렵다. 핵 강대국의 정책목표가 과연 무엇인지 의문을 제기할 수밖에 없다.

북핵문제 해결을 위해서는 중국의 역할이 특히 중요하다. 남북관계와 북·미 관계가 원활하지 못한 상황에서 중국의 대북 영향력은 더욱 부각된다. 중국이 북한을 사실상 경제적으로 지탱해주고 있기 때문이다. 중국은 북핵문제 해결에 목소리를 함께하면서도 북한과 경제협력을 통해 더욱 단단한 관계를 구축하는 양면전략을 구사하고 있다. 신의주와 단동을 잇는 신압록강대교를 자비를 들여 건설하고, 북한 항만 사용권과 천연자원 개발권을 확보하는 등 북한에 대한 영향력을 높이고 있다. 중국은 북핵문제 해결보다 북한체제의 생존을 우선 시하고 있음을 공공연히 드러내고 있는 것이다.

이러한 현실에서 가장 중요한 것은 한·미 관계이다. 적어도 한국과 미국이 북핵문제의 완전한 해결에 지속적으로 한 목소리를 낼 수 있다면, 문제해결의 돌파구를 찾을 수 있기 때문이다. 여기에 일본까지 가세할 수 있다면, 북핵문제의 완전한 해결을 대외적으로 공식 천명한 중국과 러시아도 진정성을 보일 수밖에 없을 것이다.

오바마 미 대통령은 최근 북한이 핵 폐기에 호응한다면 경제적 지원은 물론이고 정전체제의 전환을 위한 평화협정 체결과 미·북 관계 개선을 이룰 수 있을 것이라고 밝혔다. 이는 북한의 진정성과 신뢰 구축을 선결조건으로 요구하는 우리 정부의 '그랜드 바겐'과 맥락이 같다.

지난날 한·미 간에는 북핵 관련 정보의 공유에 어려움이 있었던 시기도 있었다. 북핵문제 해결의 근본적 동력이 한·미 협력관계에서 나올 수 있다는 점에서, 진정성과 신뢰구축을 위한 노력이 한·미 관계에 집중되어야 한다.

두 나라 정부 차원뿐 아니라, 정계·학계·민간 등 다양한 분야에서 한 목소리를 내는 것도 중요하다. 여기에 중국과 러시아, 일본, 나아가 북한도 함께할 수 있는, 진정성 있는 외교가 전개되어야 한다. 그 과정에서 북핵문제의 완전한 해결을 위한 길이 열릴 것이다.

《한국일보》 2009년 11월 27일자

동북아
평화안보체제의
추진방향

1954년 소련 외상 몰로토프가 유럽으로부터 미국을 배제하기 위해 제안한 유럽문제의 유럽국가들끼리의 해결논의는 21년이 지나 미국과 캐나다가 포함된 '유럽안보협력회의'(CSCE)의 출발로 결실을 보았다. 유럽과 동북아 간의 다양한 차이에도 불구하고, 동북아에 개별국가들이 혼자로는 해결할 수 없는 공동의 안보위협이 존재하고 그 해결의 시급성이 높아지고 있는 현실에서 CSCE를 창조적으로 응용하는 동북아 다자안보협력체제의 형성과 그 과정에서 우리의 역할은 국가전략적 과제임에 틀림없다.

2007년 6자회담의 「2·13합의」에 따라 동북아 평화·안보 체제에 관한 논의가 시작되었다. 북한 핵문제 해결에만 국한하는 것이 아니라, 동북아지역 차원에서의 평화·안보와 관련된 제반 문제들을 논의하겠다는 합의에 따른 것이다. 평화를 '전쟁이 없는 상태'

라는 소극적 인식에서 벗어나 분쟁과 갈등 요인들이 근원적으로
제거된 구조로 인식할 때, 또 안보라는 개념이 군사, 경제, 환경,
인간안보 등을 포괄하는 것으로 볼 때, 동북아 평화·안보 체제에
관한 논의는 그야말로 새로운 틀과 관계를 형성하겠다는 야심찬
목적을 향한 첫 발자국이 아닐 수 없다.

이러한 국면에서 냉전의 준엄했던 시기에 동서 양쪽에 속했던
35개국들이 유럽에서의 지역평화와 협력을 도모하기 위하여 1975
년 「헬싱키최종의정서」로 출범해 오늘날까지 가장 성공적인 국제
체제(레짐)로 평가받고 있는 '유럽안보협력회의'(1995 이후 유럽
안보협력기구, OSCE)를 떠올리지 않을 수 없다. 물론 유럽대륙에
는 기독교와 같은 동일한 문화적 기반이 있었고, 영토문제에서도
'현상유지'가 자의든 타의든 받아들여졌으며, 국가들이 육지로 연
결되었다는 사실 등 동북아와 차이는 있다. 그럼에도 참여국들이
정치·군사적 신뢰를 구축해 전쟁을 예방하고, 경제·과학기술 분
야에서는 상호협력을 심화시켰으며, 인권 개선에서도 큰 성과를
거둔 역사적 사실을 음미한다면, '유럽안보협력기구'는 매우 유
용한 사례가 아닐 수 없다. 그런 측면에서 앞으로 6자회담에서 진
행될 동북아 평화·안보 체제 논의의 방향을 제시해본다.

첫째, 모든 참가국들의 이해가 포함될 수 있도록 의제를 포괄
적으로 설정한다. 다자주의의 경험이 일천하고 쌍무적 관계가 여
전히 중요한 비중을 차지하고 있으며, 협상과 대화를 통한 상호
신뢰가 아직 형성되어 있지 않은 동북아에서 어느 특정 국가에 민
감한 의제, 또는 양자 차원에서 분쟁 및 갈등을 내포하고 있는 의
제를 주 의제로 채택하는 것은 다자협력의 성공을 오히려 어렵게
만들 것이다. '유럽안보협력기구'와 같이 군비통제 문제뿐만 아니

라 정치·군사·경제·과학기술·인권 등에 관한 포괄적인 지역협력 문제를 다룸으로써 총체적 지역협의체로 출발하는 것이 바람직하다.

둘째, 어떠한 의제에 관해서도 어느 한 국가라도 반대할 경우 그 의견을 존중해 결정사항을 채택하지 않는 '전원일치제'를 운영한다. 영토문제, 환경문제 등 모든 사안에 대해 토론을 진행하되 6자가 모두 합의하는 부분에 대해서만 결의사항을 발표하고 참여국들의 준수를 요구하는 것이다. 합의사항을 어길 경우에 이를 강제할 수 있는 물리적 수단이 결여된 상황에서 한 국가라도 반대하는 성명이나 결의가 채택될 경우 그것의 생명력은 처음부터 없는 것이나 마찬가지다.

셋째, 한국이 동북아 평화·안보 체제 구축에 촉매국으로서의 역할을 담당한다. 한국이 미국과의 동맹관계가 부담이 되어 이런 역할이 불가능할 것이라는 예단은 잘못된 것이다. 탈냉전 다변화한 국제환경에서 미국과 동맹관계를 무시해서는 곤란하겠지만, 여기에 일방적으로 의존하는 것도 현명한 정책이라고 보기 어렵기 때문이다. 냉전시대에 미국과의 안보동맹 속에서도 옛 소련 및 동구와의 관계 개선을 추진한 서독의 신동방정책이 사례가 될 수 있다. 한국은 오히려 미·일·중·러 등 동북아 강대세력들 간의 상호 의혹과 의구심, 견제 가운데서 가교 역할을 수행할 수 있는, 동북아의 공동선인 평화와 번영의 창출에 이니셔티브를 취할 수 있는 유리한 위치에 있다.

≪한겨레≫ 2007년 3월 23일자

7

DMZ

DMZ와 관련해 다양한 사업을 추진했다(2010.8.26 / 2013.7.11 / 2013.8.11 / 2014.10.10).

DMZ
평화적 이용

견고하게만 느껴졌던 베를린장벽이 하루아침에 무너지는 것을 체험했다. 군사분계선과 DMZ도 변화되어야 하고, 변화될 수 있다는 인식과 의지가 사라져 가는 것을 보면서 1998년 DMZ 연구를 시작했다. DMZ의 전면적 비무장화가 어렵다면, 일부분이라도 비무장화해 남북 쌍방에게 도움이 되는 '윈-윈' 상황을 만드는 것이 일차적 목표였다.

DMZ가 '뜨고' 있다. 중앙정부와 지자체 등이 다양한 보전과 개발안을 내놓고 있다. 다만 평화적 이용 제안에 북한이 반응하지 않고 있어 DMZ 이남지역이 대상이다.

전쟁으로 초토화한 DMZ는 지금 세계적으로 손꼽힐 정도로

다양한 특성을 지닌 생태계로 바뀌었다. 남북의 군사 대치로 인해 부분적으로 자연이 훼손되었음에도 희귀 동·식물과 어류가 서식하고 조류가 도래하는 자연생태계의 보고이자 수질, 대기, 토지의 오염이 적은 청정지역이 됐다. 이러한 소중한 자산을 어떻게 이용할 것인가를 진지하게 고민해야 하는 것은 당연하다. 북한과 국제사회의 이해를 함께 고려한 종합적인 천착이 필요하다.

첫째, DMZ를 전쟁을 도발하는 장소가 아니라 전쟁을 고발하고 반성하는 장소로 이용해야 한다. 남북이 대립하고 갈등하는 장소가 아니라 화해하고 협력해 하나가 되는 지역으로서, 인간에 의해 파괴된 자연을 회복시키고 생태계가 잘 보전될 수 있도록 인간과 자연환경도 화해·협력할 수 있는 장소로 이용해야 한다.

둘째, DMZ 일대를 DMZ·민북 지역·「접경지역지원법」상의 접경지역으로 나누어 볼 때 접경지역을 대상으로 하는 법률과 계획이 있을 뿐이다. DMZ와 민북지역 모두를 대상으로 하는 단일 법률과 계획은 마련되어 있지 않다. 향후 DMZ 일대의 개발 수요가 급증할 것으로 예상할 때, 보전과 지속가능한 이용에 대한 통합적인 법률이나 관리계획의 부재는 난개발로 이어질 우려가 있다. 따라서 환경보전과 지역개발, 토지분쟁 등의 문제를 포괄하는 특별법과 친환경적인 종합관리계획이 마련되어야 한다.

셋째, DMZ 일대의 자연환경 보전을 우선적으로 고려하면서 지역경제의 낙후성을 감안한 지역경제활성화 방안을 수립해 자연환경 보전과 지역발전이 조화를 이루도록 해야 한다. 자연생태계의 안전한 관리, 보전지역에 미치는 관광객의 영향 최소화, 보전지역의 사회경제적 개발의 증진, 관광객의 경험과 만족을 최대한 제공하는 것을 목표로 하는 '생태관광'(Eco-Tourism)에 더해 문화적 측면을 강화한 복합관광으로서 '생태문화관광'(Eco-Cultural Tourism)이 적극 고려되어야 할 것이다.

넷째, DMZ 일대의 이용이 현재와 같이 남북한의 이원적 체계로 진행될 경우에 큰 생태적 손상이 초래될 수 있다. 농지의 확장, 군사훈련, 도로의 건설, 불법 사냥·채집, 벌초·벌목 및 화공작전 등으로 이미 부분적인 환경손상을 겪고 있다. 따라서 하나의 공간으로서 생태축으로 연결된 DMZ 일대를 '남북환경공동체' 형성의 기반구축을 위한 남북환경협력의 무대로, 한반도 차원에서 상생공영에 입각한 녹색성장의 실천적 장소로 이용해야 한다.

마지막으로, DMZ가 유엔을 포함하는 세계적인 관심지역임을 고려할 때 평화적 이용에 국제사회의 이해도 고려할 필요가 있다. 남북한의 정치·군사·경제·환경·문화 등 포괄적 국가이익에 부응하는 동시에 국제사회의 이해도 함께 포용할 수 있는 DMZ 평화적 이용방안이 제안될 때 사업내용이 풍부하게 됨은 물론, 실현가능성도 높아질 것이다. 국가적 차원에서 준비 중인 'DMZ 평화생태포럼'을 포함한 DMZ 평화적 이용의 사업구도 및 추진방향도 이 연장선에서 논의되길 기대한다.

≪한국일보≫ 2010년 3월 31일자

북한이 임남댐(금강산댐)을 건설해 동해의 안변으로 수로를 변경하자 북한강 상류는 강으로서의
기능을 잃었다(2012.7.7).

동해선 제진역, DMZ를 넘어 금강산으로 철마는 달려야 한다(2015.2.11).

DMZ
유엔환경기구를
유치하자

DMZ 연구의 첫 결실로 2000년 새천년에 『비무장지대 내 유엔환경기구 유치 방안』(통일연구원)을 발표했다. 1970년대 이후 제시된 DMZ 평화적 이용방안들이 왜 실천되지 못했을까 의문을 갖고 분석한 바탕 위에 남북한과 국제사회가 받아들일 수 있고, 우리의 국가성장과 통일에 기여할 수 있는 방안이라 자신했다. 박근혜 대통령이 제안한 'DMZ세계평화공원' 구상에 영향을 주었음이 분명하고, 아직까지 유효한 국가전략이라고 여긴다.

DMZ에는 남북한의 이해가 정치·군사·경제·환경·문화 등의 측면에서 복합적으로 얽혀 있다. 따라서 남북한이 DMZ를 평화적으로 활용하는 데 합의한다는 사실은 바로 서로가 정치·군사·경제·환경·문화 등 포괄적 측면에서 협력관계를 형성하여 화해협력과 평화공존을 확고히 하겠다는 적극적인 의지를 보여주는 것이다. 이러한 인식에서 'DMZ 내 유엔환경기구 유치'가 남북한이 포괄적 측면에서 이해가 합치해 호응할 수 있는, 그리고 국제사회도 적극 지지할 DMZ의 평화적 활용방안이라고 본다. 더욱이 이는 한반도, 나아가 동북아지역의 평화번영에 적극 부합되는 사업이라 생각하며, 이를 국가전략사업으로 추진할 것을 제안한다.

DMZ 내 유엔환경기구의 유치는 남북한의 정치·군사·경제·환경·문화적 국가이익에 부합해 남북한 양쪽으로부터 호응을 얻을 수 있다. 첫째, 정치적 측면에서 보면 평화의 구현을 상징하는 유엔기구를 유치함으로써 한반도의 평화, 동북아 나아가 세계평화에 기여하려는 의지를 대내외적으로 과시할 수 있다. '21세기의 화두'인 환경문제에 남북한이 선도적으로 대처하려는 의지를 대내외적으로 과시할 수 있는 것이다.

둘째, 군사적 측면에서 보면 사실상 세계 제1의 중무장지역에 유엔기구를 유치함으로써 현재의 남북한 군사력의 이동·변동 없이 항구적인 긴장완화, 전쟁억제, 평화유지의 효과를 얻을 수 있다. 휴전체제의 평화체제 전환 이후 예견되는 유엔사령부의 해체에도 불구하고 DMZ 내 유엔기구의 존재는 한반도 평화를 국제적으로 담보하는 중심축으로 기능한다.

셋째, 경제적 측면에서 보면 유엔환경기구 소재지로의 교통로가 완비될 경우 한반도가 명실공히 동북아 교통로로 활용되어 역내 경제협력이 활성화될 수 있다. 유엔환경기구 소재지의 친환경적 개발, 주재원과 방문객의 체재와 활동, 각종 국내외 행사 진행 등은 자연스레 남북한의 경제적 이득으로 연결된다. 유엔환경기구의 소재지와 남북한의 관광지가 연계되어 생태·문화 관광이 실시될 경우 경제적 실리는 더욱 커질 것이다. 결국 DMZ 내 유엔환경기구의 유치는 '남북경제공동체' 형성을 위한 DMZ 평화적 활용의 기폭제가 된다.

넷째, 환경적 측면에서 보면 생태적 보고인 DMZ에 유엔환경기구가 들어서고 모든 활동이 환경친화적으로 전개됨으로써 DMZ 내 환경 보호·개선은 물론이고, 한반도 나아가 지역의 환경 보호·개선에 파급적인 영향을 미친다.

유엔환경기구의 설치와 연계해 평화생태공원의 조성, 생태계 보전지역 지정, 환경캠프 설치, 각종 국내외 환경행사의 진행 등이 이루어질 경우 DMZ는 세계적으로 환경보호와 평화를 상징하는 지역이 될 것이다.

다섯째, 문화적 측면에서 보면 유엔환경기구의 모든 활동이 문화 유물·유적의 보존·관리적으로 진행됨으로써 유엔환경기구의 소재지는 물론 DMZ 전역의 문화 유물·유적의 보존·관리에 기여한다. 유엔환경기구의 소재지는 다양한 국내외 문화활동의 공간으로 활용될 수 있을 것이다.

이와 함께 DMZ 내 유엔환경기구 유치는 다음 측면에서 주변국은 물론 국제사회의 지지를 얻을 수 있다. 무엇보다 중무장지역인 DMZ에 평화를 구현하려는 유엔기구를 유치함으로써 한반도는 물론 동북아, 나아가 세계평화에 항구적으로 기여한다. 현상유지를 선호하는 주변국의 경우 현 정치·군사적 상황 변화 없이도 한반도 평화정착을 담보할 수 있고, 정전체제의 평화체제 전환 이후 예상되는 유엔사령부 해체 시에도 한반도 평화를 담보할 수 있다는 점에서 지지할 것이다. 또 유엔기구의 유치가 DMZ의 평화적 활용을 촉진해 역내 경제교류협력 활성화의 기폭제가 될 수 있다.

특히 더욱 심각해질 것으로 예상되는 역내 및 세계적 환경문제 해결을 위한 센터의 역할을 할 수 있다는 점에서, 그리고 평화와 환경을 위한 지역적·세계적 문화공간이 조성될 수 있다는 점에서 DMZ 내 유엔환경기구의 유치를 지지, 혹은 최소한 반대하지 않을 것이다.

≪전자신문≫ 2006년 2월 14일자

DMZ,
물꼬가 될 수 있다

2011년 12월 17일 김정일 위원장이 사망했다. 김정은 후계구도의 안정성이 불확실한 가운데, 그가 대남·대외보다 대내에 더욱 힘을 쏟으리라는 자명한 정세 속에서 어떻게든 그를 남북관계의 창으로 이끌어 내어야 했다. 그가 남쪽의 소식을 다 보고 있다는 전제 아래 남북한의 '동반성장', DMZ 내 일부 공간을 대상으로 남북한 모두가 숭모하는 '안중근평화생태공원'의 조성을 꺼냈다.

예상대로 북한이 남북관계를 얼어 붙이고 있다. 조문에 대한 불만만은 아닐 터이다. 권력의 3대 세습이 주는 부담감이 그만큼 크기 때문이다. 내부적 불만을 남한이란 외부로 돌리면서 체제결속에 치중하고 있다. 인민이 모든 것의 주인이란 인민민주주의체제에서 3대째 세습을 공고화하고 있다.

　권력을 이어받는 것과 그 권력을 지키는 것은 다른 이야기다. 북한 권력엘리트 내에서 김정은으로의 권력승계는 큰 무리 없이 진행될 수 있다. 대안이 없기 때문이다. 이미 김정일 생전에 김정은이 후계자로서 사실상 낙점되어 선전되었다. 북한 주민들도 싫든 좋든 간에 그렇게 알았다. 북한의 권력엘리트들이 김정은 외에 이제 누구를 북한 주민들 앞에 새로운 권력자로 내놓을 수 있을까. 어떠한 설득 논리로? 그들은 한마디로 모두 한 배에 타고 있는 운명공동체다. 그들의 특권만 지속할 수 있다면 차라리 김정은이 편하다. 모든 불만과 잘못을 그에게 돌릴 수도 있으니.

　북한 주민들은 다를 수 있다. 김일성과 김정일, 그리고 김정은으로 내려오면서 충성의 온도차가 사실상 존재하고, 무엇보다 먹고 사는 것이 급선무다. 멀리 바라볼 것도 없이 금년 말에 추위가 다가오면 김정은은 시련의 시기를 맞을 것이다. 나누어 줄 것이 없고 자기 영도 하에 먹고 살기가 나아지지 못할 경우 주민들로부터 볼멘소리를 들을 수 있다. 북한 주민들이 좀 더 나은 삶을 요구하는 목소리를 높이면서 움직일 수도 있다.

　우리는 어떻게 해야 하나. 북한당국과 함께 '동반성장'할 것을 제안하면서, 북한 주민들의 눈과 귀를 열어주는 정책을 동시에 펼쳐야 한다. 일전에 헬무트 슈미트 전 서독수상을 만났을 때 그가 한 말이 다시 각인된다. "상대방이 잡든 말든 손은 항상 내밀어주세요." 과연 관계의 냉각만이 북한이 진실로 원하는 방향일까. 조건이 맞고 체면을 세울 수 있는 방안을 내심 원하지는 않을까. 가장 좋은 조건의 지원을 우리 외에 어디로부터 얻을 수 있을까.

북한당국은 그들의 수순대로 대내외정책 및 대남정책을 펼쳐갈 것이다. 특히 김정은정권이 막 출범한 현 시점에서 북한당국에 대한 우리의 지렛대는 제한적일 수밖에 없다. 원칙에 입각한 우리의 정책을 견지하되, 상생공영에 입각한 남북한 동반성장에 대한 우리의 입장과 제안을 다시금 북한당국에게 명료하게 보여주자.

DMZ가 물꼬가 될 수 있다. 현 상황에서 천안함과 연평도 도발을 북한이 사과할 리 없다. 그렇다고 우리가 물러설 수 없고 물러서서도 안 된다. 첨예한 평행선이 지속될 여기서 돌파구를 찾을 수 없다면, 우회로를 해상이 아닌 육지에서 찾아보자. "비록 해상에서의 문제는 해결되지 않은 채로 남겨져 있지만, 남북한은 육상에서 상생공영의 새로운 남북관계의 형성을 위해 쌍방의 모든 이해관계가 첨예하게 얽혀 있는 접점이자 대결선인 DMZ의 일부 지역을 대상으로 하는 평화·생태적 이용에 합의하고, 그 시범사업을 추진하기로 했다"고 남북한이 공동성명을 발표한다면, 쌍방이 대립 속에서도 새로운 관계를 형성할 수 있는 명분을 얻을 수 있지 않을까.

그리고 이곳을 한반도 차원에서의 녹색성장을 실현하기 위한 디딤돌로 활용한다면, 남북관계상에 '원-윈'의 획기적인 전기를 만들 수 있지 않을까. 남-북-러 천연가스 파이프라인 연결사업이 성사될 경우, 이 사업의 시작과 함께 DMZ 지역에 남북한 천연가스 파이프라인 연결공사를 동시에 착공할 수 있을 것이다. DMZ 내 특정 지역에 남북한이 함께 숭모하는 '안중근평화생태공원'을 조성할 수도 있을 것이다.

북한 주민을 대상으로 하는 대북정책의 방향은 우선 그들에게 따뜻한 우리의 마음을 가능한 한 많이 전달하는 일이다. 동시에 그들이 스스로의 눈과 귀를 통해 바깥세상을 느끼고 깨닫도록 하는 일이다. 인간다운 삶이, 그것을 실현할 수 있는 체제가 어떠한 것인지 그들 스스로 판단하도록 길을 열어주는 것이다. 그리고 대한민국이 항상 곁에 있음을 체감하도록 해야 한다.

≪한국일보≫ 2012년 1월 26일자

남주북종형(南主北從形)

DMZ·접경 지역

신남북산업단지

두 차례 열린 정상회담도, 개성공단과 금강산관광도 남북을 서로 신뢰하게 만들진 못했다. 60여 년간 갈등과 분쟁의 상징이자 끊임없는 도발이 이어진 DMZ 내에 남과 북의 인력과 물자가 함께 어우러지는, 남북의 인력과 물자가 DMZ를 오르내리는 상황만이 신뢰를 말할 수 있는 출발점이라 믿는다. 개성공단이 갖는 단점을 극복하면서 한반도의 보다 공고한 평화안정과 상생을 위해 새로운 DMZ 평화적 이용방안이 고심되어야 한다.

남북관계의 개선과 교류협력의 강화는 양측이 가장 크게 관심을 가지는 경제 분야에서 시작될 때 효과가 크다. 쌍방이 경제적 이득을 가질 수 있고, 한반도의 평화안정과 통일준비에도 기여할 수 있다. 특히 경협이 남북의 인력, 시설, 물자가 복합적으로 얽히는 산업단지의 형태를 가질 때 그 의미는 배가 된다.

남북산업단지는 상호 경제적 이익을 얻을 수 있다는 점에서 'win-win zone'이고, 협력을 통해 한반도의 평화를 제고시킬 수 있다는 점에서 'peace zone'이며, 남북한 주민들이 함께 어울린다는 점에서 'relation zone'으로서 의미를 가진다. 개성공단이 구체적 사례다. 특히 그곳에 일하는 5만여 명의 북한 근로자들이 대한민국을 생생히 체험하며 피부로 느끼는 통합의 공간이기도 하다.

개성공단이 가지는 장점에도 불구하고 앞으로 남북관계의 진전에 따라 경협이 확대될 경우, 개성공단의 평면적 확대만을 추구할 수는 없다. 2013년 북한이 자행한 개성공단의 폐쇄에 따른 부정적인 국민감정이 존재하기 때문만은 아니다. 사실 그간 북한의 폐쇄적인 운영으로 인해 개성공단에서는 자율적인 기업 활동과 성장이 크게 제한을 받았다. 국내 및 해외 기업의 투자에도 많은 제약을 줬을 뿐만 아니라, 생산품의 원산지가 북한으로 됨에 따라 해외수출에서 높은 관세를 지불해야 하기 때문에 국제경쟁력이 저하됐다.

무엇보다 공단이 북한지역에 위치해 우리의 통제력이 제한됐고 통행·통관·통신 모든 측면에서 어려움을 겪었다는 것은 주지의 사실이다. 이러한 점을 고려할 때 앞으로 남북 간에 합의될 새로운 경협의 형태는 개성공단이 가지는 장점을 더욱 발전시키면서도 개성공단이 가지는 한계점을 극복할 수 있는 새로운 모델이어야 한다.

즉 새롭게 조성될 남북이 함께하는 산업단지 전략의 핵심은 우리의 통제·관할이 가능하고, 우리가 영향력을 직접적으로 행사할 수 있는 DMZ·접경 지역에 단지를 조성하는 것이다.

다만 북한정권의 현 실상에 비춰 북한 주민을 남쪽 지역에만 보낸다는 것은 어렵다고 판단할 때, 신남북산업단지의 주 중심은 북쪽이 아니라 남쪽에 두되, 그러면서도 북쪽 접경지역에 단지의 부 중심을 두어야 한다. DMZ를 가운데 두고 통로로 활용하면서 남북 측 양 접경지역에 산업단지를 형성하는 '호리병'형태로서 '남주북종'(南主北從)형 신남북산업단지를 조성하는 것이다. 개성공단이 북한에 진출한 남한의 기술력과 자본이라면, 이제 역으로 북한의 노동력이 남한에도 진출해 상호 시너지 효과를 창출하는 새 패러다임의 산업단지를 형성하는 것이다.

한편 신남북산업단지에는 북한의 인적 자원뿐만 아니라, 북한이 보유하고 있는 풍부한 지하자원을 우리가 적극 활용하는 내용도 포함해야 한다. 우리의 지하자원 자급률은 지속적으로 하락하고 있으며, 매년 지하자원 수입액은 수십조 원에 달한다. 북한에 풍부하게 부존된 금 등 개발 경쟁력이 있는 10대 광물종 가운데 남한 내수의 1/4만 조달해도 100년 이상 사용이 가능할 것으로 분석되고 있다.

그러나 남북관계의 악화로 인해 북한의 지하자원 개발에 따른 투자나 수입이 부진한 사이에 중국의 북한 지하자원 선점현상이 심각해지고 있다. 최근에는 EU와 싱가포르 등도 개발에 관심을 보이고 있어 우리의 능동적인 대응이 요구되고 있다. 우리의 국가성장은 물론, 북한을 '한반도경제공동체'로 편입시키기 위한 남북산업의 재배치 차원에서도 북한의 지하자원을 활용하는 신남북산업단지의 형성이 요청되고 있다.

한편 신남북산업단지가 자리 잡을 소재지의 경우 철원지역이 유력하게 고려될 수 있다. 철원은 한반도의 중심축에 위치하고 있어 북한지역으로부터의 물류 수송, 특히 부피가 크고 물동량이 많은 지하자원을 남한지역으로 이송하기 위한 철도 운송이 가장 용이하다. 남쪽의 주 수요지인 수도권과 북쪽의 원산, 함흥 등 대도시권을 연결시킴으로써 국토의 균형발전 및 효율적 활용을 위한 발전의 잠재력도 높은 지역이다.

또한 철원지역은 경원선 연결의 기착지로서 경원선을 통해 물류는 물론 산업단지에 근로할 북한 주민들의 이동도 용이하게 할 수 있다. 철원지역에는 이미 광활한 평야와 구릉지가 발달해 있어 신남북산업단지에 필요한 용지 확보 여건도 매우 좋다. 물론 서쪽의 경의선, 동쪽의 동해선 철도·도로 연결에 이어 국토중앙에 경원선이 연결된다면, 한반도의 평화안정과 새로운 남북관계 형성에도 크게 이바지할 것이다.

박근혜 대통령이 천명한 'DMZ세계평화공원' 구상으로 DMZ의 평화적 이용이 새로운 화두가 되고 있다. DMZ·접경지역에 위치하되 우리 지역에 중심을 두는 새로운 형태의 남북산업단지 조성이 한반도의 긴장완화와 신뢰구축의 전기가 될 수 있을 뿐만 아니라, 한반도 통일시대를 준비하는 중요한 국가전략으로 자리매김돼야 한다.

《환경일보》 2014년 4월 23일자

'DMZ세계평화공원' 조성은
꼭 필요하다

2013년 2월 12일 북한은 3차 핵실험을 감행한 데 이어, 2013년 4월 8일 개성공단 가동의 잠정 중단과 북한 근로자들의 전원 철수를 발표했다. 한 달 뒤 5월 8일 박근혜 대통령은 악화일로의 남북관계 상황에서 미국 의회 연설을 통해 전 세계를 상대로 DMZ 내에 세계평화공원 조성의 의지를 밝혔다.

박근혜 대통령의 'DMZ 내 세계평화공원 조성' 제안은 중요하고도 큰 의미를 가진 결단이다. 북한이 개성공단을 파행으로 이끄는 현 시국에서, 바다의 DMZ라 할 NLL 인근에서 북한이 자행했던 천안함 폭침과 연평도 포격이란 깊은 상처가 아직도 선명한 상황에서 용기 있는 호소이다.

'DMZ세계평화공원'에서 '평화'의 개념은 인간과 인간만이 아니라, 인간과 자연환경 간의 평화도 포괄하는 것이다. 한때 처절했던 인간 간의 살육이 벌어졌던 그곳을 이제 남북한은 물론, 전쟁에 가담했던 모든 국가들이 상호 신뢰를 회복하고 교류협력하는 평화의 무대로 만들겠다는 의미일 것이다. 더불어 인간에 의해 초토화되었던 자연환경이 스스로의 생명력으로 다시 살아난 그 지역을 인간과 자연환경이 상호 신뢰하고 협력하는 생명의 공간으로 전화시키겠다는 의도일 것이다.

남북을 가르는 분단선이자, 동시에 남북을 이어주는 연결선인 DMZ를 평화공원으로 조성하기 위해서는 여러 가지 넘어야 할 산들이 많다. 우선 국내적 공감대 형성이다. 현재 상황에서뿐만 아니라, 국가성장과 민족의 통일대계를 위해서도 왜 DMZ에 세계평화공원이 조성되어야 하는가에 대한 대통령의 의지가 국민들 사이에서 이해·확산되고 지지될 수 있도록 정책적 틀과 방법이 확정되고 알려져야 한다. 평화공원이 정치·군사·경제·문화·환경적 측면에서 우리의 국가이익에 부합하고, 중·장기적으로 통일을 준비·촉진하는 데 기여할 수 있다는 사실이 홍보되어야 한다.

다음으로 'DMZ세계평화공원' 조성에 대한 국제사회의 지지다. 한·미 정상회담에서가 아니라, 세계를 움직이는 미국 국민의 대표지인 미 의회에서 평화공원 구상을 밝힌 것 자체가 세계시민을 상대로 한 의지의 표명으로 보고 싶다. 갈등과 대립의 상징지역인 DMZ를 평화와 신뢰·협력의 상징지역으로 변화시키겠다는 호소에 미국 국민을 필두로 전 세계시민이 동의하고 화답하도록 요청한 것이다. 물론 DMZ 자체가 미국과 유엔, 중국을 포함하는 국제사회의 관심지역이기 때문에, 평화공원 구상은 앞으로 이들의 이해관계를 반영할 뿐만 아니라, 이들이 적극적으로 지원할 수 있는 내용과 방법으로 채워지고 협의되어야 할 것이다.

박근혜 대통령은 'DMZ세계평화공원' 구상을 '한반도 신뢰프로세스'와 병행해 추진하겠다고 분명히 밝혔다. DMZ 평화적 이용 구상의 실천을 위해서는 북한이란 상대가 있음을 고려해야 한다는 사실을 간과하지 않았다. 북한 역시 DMZ를 관할하고 있으며, 어떠한 DMZ의 평화적 이용구상도 그것이 북한의 이해관계와 충돌할 경우 현실화될 수 없다는 것은 지난 역사가 보여주고 있다. 한반도 신뢰프로세스에 바탕을 두고 심도 있는 논의의 과정을 거쳐 구상되고, 남북 신뢰회복과 교류협력 활성화를 목표로 천명되었을 이 제안의 진정성을 북한이 이해하고 받아들일 수 있도록 부단한 노력이 전개되어야 한다. 평화공원 조성이 평화와 신뢰가 자라나는 계기가 될 수 있음을 인식시켜야 할 것이다.

위기가 기회일 수 있다는 인류역사가 주는 교훈에 입각해, 암울하게만 보이는 현 남북관계에서 창의성과 용기, 그리고 의지를 가지고 새로운 한반도를 만들어 보자. 당장에 북한이 이 제안에 화답하지 않는다고 평화공원 제안을 접거나 비판하기보다, 남북이 DMZ를 평화적으로 만들고 이용하는 데 합의하지 않는 이상, 어떠한 남북 간의 약속과 교류협력도 일순간에 무너지는 사상누각이 될 수 있다는 체험을 되새기며 인내를 가지고 추진해 보자. 'DMZ세계평화공원'이 한반도 평화정착, 통일기반 구축, 동북아의 평화협력, 지구촌의 평화번영과 직접적으로 맞물려 있음을 인식하고, 국가성장과 통일 준비·촉진의 디딤돌이 될 수 있도록 논의를 시작해 보자.

≪한국일보≫ 2013년 5월 11일자

'DMZ세계평화공원' 조성의
함의

'DMZ세계평화공원'과 관련해 북한의 대남선전 웹사이트 '우리민족끼리'는 2013년 5월 13일 군사분계선을 민족 원한의 상징이라면서 "이런 원한의 상징에 외국 관광객들을 끌어들이는 건 민족이 겪고 있는 비극을 자랑거리처럼 선전하는 것"이라고 비난했다. 국내적으로도 평화공원 조성의 진정성에 의문을 표시하는 여론도 일었다.

모두가 의아하기에 충분했다. 개성공단이 파행의 길을 걷고 있는 시점에서 천안함과 연평도의 아픔을 아직도 풀지 못한 시기에 'DMZ세계평화공원'을 천명하다니? DMZ에 개성공단이 맞닿아 있고, 바다의 DMZ인 NLL에서 우리 국민이 살상되었는데….

지난 60년간, 정확히는 'DMZ 평화적 이용'이 제안된 1970년대부터 40년간 DMZ 평화적 이용은 이단아였다. 정치·군사적 갈등이 첨예하게 진행 중인데, 정치·군사적 신뢰구축 없이 국가안보의 1차 보루인 DMZ를 개방하자는 것이냐며 반대가 이만저만 아니었다. 1990년대부터는 반대 목소리에 더욱 힘이 실렸다. 북핵문제가 왔다 갔다 하는데 DMZ 이용이 무슨….

맞는 말이다. 국가안보에 최우선 관심을 가지고 도발을 억제하면서 북한의 태도에 따라 점진적으로 협력의 폭과 내용을 넓고 깊게 하자는 충정의 소신이었다. 그런데 변화가 없었다. 정치·군사적 갈등은 여전히 온존하고 DMZ도 막혀 있다.

DMZ 전체가 아니라, 어느 제한된 작은 부분의 DMZ를 대상으로 이제 사고를 전환해 보자. DMZ가 평화지대로서 원래의 기능을 했다면 DMZ 평화적 이용은 논의될 필요가 없다. 비무장되어야 할 DMZ가 중무장되어 갈등과 대립이 끊이지 않는 것이 현실이다. DMZ가 제 구실을 못하고 남북한이 정치·군사적 대결로 부분적인 평화조차 보장이 어려울 때, DMZ 내 제한된 지역을 대상으로 평화지대를 만들어 쌍방 간에 작은 신뢰와 평화를 만들고, 이를 점진적으로 확대해 나가고자 하는 구상이 DMZ 평화적 이용의 제안이다. 남북한 사이에 지속가능한 평화체제를 구축해 나가는 과정에서 다양한 형태의 작은 평화지대를 모색할 필요가 있으며, 'DMZ세계평화공원' 구상이 바로 그 예다.

정치·군사·경제·문화·환경 등 모든 분야에서 남북한의 국가이익이 첨예하게 얽혀 있는 DMZ 일부분에 서로가 합의해 평화적으로 이용하면서 쌍방 간의 신뢰를 회복하고 갈등과 대립의 수준을 누그러뜨려 전반적인 남북관계의 개선으로 진전시키자는 것이다. 갈등과 대립의 상징인 DMZ의 평화적 이용에 관한 합의 없이는 어떠한 남북 간의 약속과 협력도 한순간에 무너지는 사상 누각이 될 수 있다는 절실한 체험에 바탕을 둔 현실적인 정책방안이 'DMZ세계평화공원' 조성이다.

'DMZ세계평화공원'의 유치를 위해 DMZ를 접한 도와 시·군이 활발하게 움직이고 있다. 한계지역으로 그동안 유·무형의 어려움을 감수해야만 했던 이들의 마음을 이해 못할 바가 아니다. 다만 중요한 것은 'DMZ세계평화공원'이 남북한과 국제사회의 합의에 의해 현실화되는 것이다.

비록 우리 지역이 아니라 다른 지역의 DMZ에 세계평화공원이 유치되더라도 적극 지지하고 힘을 모으겠다는 의지와 자세가 필요하다. 어느 한 지역에서 조그마하게 시작된 'DMZ세계평화공원'이 국민적 지지를 바탕으로 남북 상호 간의 신뢰를 회복하고, 쌍방의 국익에 도움이 되면서, 동북아의 평화와 공동번영에 기여할 경우, DMZ 평화적 이용은 탄력을 받아 확대될 것이다. 지난 수십 년 동안 국가적으로, 지방적으로 준비되고 다듬어져 온 여러 DMZ 관련 사업들이 세상에 빛을 보게 될 것이다.

남북관계상 새로운 획을 그을 'DMZ세계평화공원'의 조성에 국민적 힘을 모으지 못한다면 어떻게 국제사회와 북한을 설득시킬 수 있겠는가? 「정전협정」에 의해 태어난 DMZ가 이제 환갑을 맞는다. 처절했던 전투의 현장이 인간과 인간이, 그리고 인간과 자연환경이 함께 '평화'할 수 있는 'DMZ세계평화공원'으로 전변될 수 있도록, 온 세계가 공감하고 지지할 수 있도록 우리의 의지를 결집하자.

≪한국일보≫ 2013년 7월 25일자

'DMZ세계평화공원' 1년,
평가와 과제

2014년 5월 8일은 'DMZ세계평화공원'이 구상된 지 1주년되는 날이었다. 1970년대부터 시작된 DMZ 평화적 이용을 위한 제안은 진척을 보지 못했다. 'DMZ세계평화공원'이 최상의 정책방안이라고는 말할 수 없으나, 실현가능성에 가장 초점을 둔 구상이다. 2013년에 이어 북한은 'DMZ세계평화공원'을 "세상 사람들의 구경거리로 돈벌이 목적에 리용" 하려는 것으로 격하·비난했다.

'DMZ세계평화공원' 구상은 DMZ 내의 극히 제한된 일부 지역만을 남북한과 국제사회의 합의에 의해 평화지대화하고, 세계평화

* 2013년 5월 8일 제안된 'DMZ세계평화공원'(DMZ International Peace Park) 명칭은 2014년 평창에서 개최된 유엔 「생물다양성협약」 당사국총회(2014.9.29~10.17)에서 'DMZ세계생태평화공원'(DMZ World Eco-Peace Park)로 공식 변경되었다.

공원을 조성함으로써 깨진 평화를 그곳에서나마 부분적으로 회복하자는 의도다. 이를 디딤돌로 해 평화지대를 DMZ 전역으로, 나아가 한반도 전역으로 확대해 한반도에 지속가능한 평화체제를 구축할 수 있는 발판을 마련하려는 것이다.

'DMZ세계평화공원'은 다음 세 가지 측면에서 기존의 구상과 차이를 보였다. 첫째, 대통령의 강력한 의지다. 역대 정부는 나름의 DMZ 평화적 이용방안을 제시했다. 김대중정부는 DMZ를 UNESCO 접경생물권보전지역으로의 등록을, 노무현정부는 정상회담에서 DMZ 내 군사시설의 철거를 각각 시도했고, 이명박정부는 DMZ 평화적 이용을 국정과제로 채택까지 했다.

그러나 누구도 박근혜 대통령과 같은 열의를 보여주지는 않았다. 지난해 5월 8일 미 의회 연설을 통해 'DMZ세계평화공원' 구상을 처음으로 밝힌 이후 박근혜 대통령은 6월 28일 한·중 정상회담, 7월 27일 「정전협정」 60주년 기념사, 광복절 경축사, 금년도 신년사, 3월 28일 독일 드레스덴에서 행한 통일구상에 이르기까지 'DMZ세계평화공원'에 대한 의지를 지속적으로 보여줬다.

DMZ 평화적 이용이 가능할 것인가의 전제조건은 대통령의 결단이다. 그 자체의 특성상 DMZ는 통일부, 국방부, 외교부, 환경부, 문화체육관광부, 안전행정부 등 많은 부처의 이해관계가 얽혀 있다. DMZ가 평화적으로 이용되기 위해서는 이들 간에 동일한 목적의식과 공감대, 일사불란한 협조체계가 무엇보다 중요하며, 그것이 전제되지 않고는 북한과 국제사회와의 협상에 앞서 국내에서조차 지지 받을 수 없다. DMZ 평화적 이용이 대통령이 집권 5년간의 임기를 걸고 새로운 남북관계의 형성을 위해 이를 반드시 실천하겠다는 신념으로 국가전략사업으로 추진돼야 할 이

유이다.

둘째, 실현가능성이다. 기존 DMZ 평화적 이용방안의 대부분이 DMZ 전역, DMZ를 가운데 두면서 남북한 접경지역을 포함, 혹은 DMZ 내의 일부분이라도 하더라도 상당한 규모의 면적을 전제했다. 다 나름의 논리를 가지면서 국가적으로 큰 의미를 가질 구상들이었다.

문제는 현실성이다. 갈등과 대립이 온존하고, 초보적인 신뢰조차 없는 상황에서 DMZ 내 상당부분의 면적을 가지는 평화적 이용방안은 북한은 물론 우리에게도 군사안보적 측면에서 받아들이기 어려웠다. 적어도 현 단계에서는 작은 규모의 평화적 이용을 우선 실현시켜 남북이 상호 '윈-윈'하는 상황을 만들고, 이를 토대로 DMZ 전역으로 평화적 이용을 확대해 나가는 단계적 접근이 현실적인 정책방향이다. 남북이 합의할 수 있는 가장 작은 크기의 평화적 이용이 향후 보다 깊고 넓은 신뢰구축과 협력확산의 출발점이 될 것이다.

마지막으로 국제적 보장이다. 'DMZ세계평화공원'의 성공에 「정전협정」의 당사자인 미국과 중국의 지지가 필수적이다. 우리의 동맹국인 미국의 지원은 기본적으로 구축돼야 하며, 특히 적대국으로서 북한을 지원하고 싸웠던 중국의 공감과 협조는 실현가능성에 큰 영향을 미칠 수 있다. 이러한 점을 고려해 박근혜 대통령은 전쟁 발발 이후 한국에 대한 지원을 결의했던 바로 그 미 의회에서 'DMZ세계평화공원' 구상을 천명했고, 한·중 정상회담에서는 시진핑 주석에게 'DMZ세계평화공원'을 상세히 설명하고 필요시 북한에게도 잘 설명해 줄 것을 요청까지 했다.

또한 'DMZ세계평화공원'의 구현과 향후의 안정적 운영을 위해서 국제사회의 협력과 참여가 반드시 필요하다는 판단 아래 반기문 사무총장을 만나 협조를 요청했고 지원의사는 물론 북한 방문도 약속받았다. 'DMZ세계평화공원'의 실천을 위한 동력을 획득함은 물론, 평화공원이 문을 연 이후에 안정적으로 관리·운영될 수 있도록 국제사회와 처음부터 함께하고자 한 것이다.

북한은 2014년 4월 23일 조국평화통일위원회의 「대통령에게 보내는 공개질문장」을 통해 'DMZ세계평화공원'을 "세상 사람들의 구경거리로 돈벌이 목적에 리용"하려는 것으로 격하했다. 'DMZ세계평화공원'의 실현이 처음부터 순항의 길을 걸으리라고 누구도 전망하지 않았다. 미국, 중국, 유엔, 국제사회의 어느 국가도 반대하지 않은 현재까지 1년을 달려왔다. 남북관계의 새로운 시대를 개막할 수 있는 국가전략으로서, 남북이 신뢰를 회복하고 상생할 수 있는 구체적 실천방안으로서 'DMZ세계평화공원' 구상을 북한이 동의할 수 있는 내용과 방법으로 더욱 다듬어 전 방위로 노력을 경주하는 데 다시 국가적 힘을 모을 때다.

≪환경일보≫ 2014년 5월 7일자

나는
'DMZ세계평화공원'
시민입니다

1963년 6월 26일 존 F. 케네디 대통령이 서베를린의 쇠네베르크 시청 발코니에 섰
다. 서베를린시장으로서 분단의 아픔을 누구보다 깊숙이 체험하고 이대로는 안 된
다고 생각한 빌리 브란트(훗날 서독수상)가 옆을 지켰다. 자유와 평화는 어떠한 장
벽도 막을 수 없으며, 분단은 반드시 극복되어야 하고 극복될 수 있다는 사실을 시
대는 가리지 않을 것이다.

1963년 존 F. 케네디 대통령의
베를린 방문을 기념하는 엽서

"2천여 년 전에 '나는 로마 시민입니다'(Civis Romanus sum)가,
50년 전에는 '나는 베를린 시민입니다'(Ich bin ein Berliner)가 가
장 자랑스러운 말이었습니다. 지금 평화를 사랑하는 모든 이들에
게 가장 자랑스러운 말은 '나는 DMZ세계평화공원 시민입니다'

입니다. 이 세상에는 평화가 얼마나 고귀하고 중요한 것인지 아는 사람, 모르는 사람, 모르는 체하는 사람이 있습니다. 모두 이곳 'DMZ세계평화공원'으로 오십시오. 전쟁이 얼마나 인간과 자연에게 파괴적이고 비극인지, 서로 싸운 당사자가 함께 힘을 합하면 인간과 자연에게 얼마나 큰 선물을 줄 수 있는지 아는 사람, 모르는 사람, 모르는 체하는 사람, 모두 'DMZ세계평화공원'으로 오십시오.

평화란 어려운 것이고, 하루아침에 만들어지는 것도 아닙니다. 그러나 철조망으로 수 갈래의 담을 쌓고, 무기를 쥐고 서로가 노려본다고 해서 평화가 이뤄지는 것은 아니었습니다. 바로 이곳 DMZ에서 지난 60여 년간 그러한 일이 벌어졌습니다. 한반도에서 DMZ가 닫혀 있는 동안 동북아에서도 지속적이고 진정한 평화가 이뤄질 수는 없었습니다.

오늘 남북한은 국제사회의 협조와 지지를 통해 'DMZ세계평화공원'의 문을 엽니다. 지난 수십 년 동안 평화에 대한 믿음과 소명의식을 가지고 평화를 이끌어 내고자 노력한 모든 사람들의 결실이 이제 뿌리를 내립니다. 그리고 DMZ 전역에, 한반도 전역에, 동북아 전역에 이 평화의 나무가 뻗어 자라나가도록 다시 씨를 뿌립니다. 'DMZ세계평화공원'으로 오십시오. 평화로울 권리, 지속적인 평화 속에서 살 권리를 원하고 노력한 모든 사람들은 이제 'DMZ세계평화공원'의 시민이 됐습니다.

'DMZ세계평화공원' 시민권자 여러분, 평화란 불가분의 것입니다. 지구상 단 하나의 국가가 평화롭지 못하면 모든 국가들이 평화롭지 못한 것입니다. 이곳 'DMZ세계평화공원'은 평화의 섬입니다. 이 섬이 육지가 되고 대륙으로 이어지도록 여기서 꿈을 꿈시다. 오늘은 'DMZ세계평화공원'만이 평화이나, 내일은 한반도와 동북아 전역이 평화의 공간이 될 수 있도록, 희망을 바라보며 힘을 얻읍시다. 한반도의 모든 사람이 평화를 누리는 날, 비로소 이 한반도가 평화롭고 희망에 찬 이 지구상의 모든 국가와 결합될 수 있을 것입니다.

DMZ를 넘어, 지구상 모든 곳에서의 평화를 꿈꾸십시다. 여전히 존재하고 있는 DMZ의 철조망을 넘어서서 전 인류의 평화를 생각하십시다. 마침내 그날이 오면 'DMZ세계평화공원'의 시민이 됐다는 그 사실을 가장 크게 자랑스러워 할 것입니다.

평화를 사랑하는 모든 이들은 그들이 어디에 있건 'DMZ세계평화공원'의 시민입니다. 모두 함께 외칩시다. 우리는 자랑스러운 'DMZ세계평화공원'의 시민입니다."

'DMZ세계평화공원'이 문을 여는 날, 반드시 도래할 그 순간을 앞당겨서, 1963년 6월 26일 존 F. 케네디 대통령이 베를린을 방문하고 행한 그 연설에 우리의 마음을 담아 온 세계를 향해 말해봤다.

지난 1년간 미국, 중국, 유엔과 국제사회도 'DMZ세계평화공원'을 지지했다. 이만큼 왔고, 북한만이 남았다. 멈출 수도 없고 멈춰서도 안 된다. 무엇을 두고 서로 신뢰한다 할 것인가? 갈등과 대립의 상징인 DMZ를 남북이 국제사회의 지지 속에서 평화적으로 이용하는 현실만이 신뢰를 상징할 수 있다. 좁아 보이는 'DMZ세계평화공원'으로 가는 이 길이 평화와 번영으로, 통일로 가는 넓은 길이 될 수 있다.

베를린 자유대학교의 케네디연구소, 1989~1992년을 보낸 곳이다(2014.6.14).

《환경일보》 2014년 5월 21일자

8

그린 데탕트

'그린 데탕트'는 국가성장정책이자 통일정책으로 이해되어야 한다(2014.6.26 / 2014.10.22).

남북환경 분야
협력방안

독일 유학을 위해 알래스카 상공을 나는 순간에 체르노빌 원전사고(1986년 4월 26일)가 터졌다. 자연 환경문제에 관심을 가질 수밖에 없었다. 독일통일 이후 환경 분야에 엄청난 통일비용이 부어져야 하는 현실을 목도한 이후 환경 분야에서의 통일준비가 매우 중요하게 인식되었다. 그 첫 성과가 「북한 환경문화 연구: 환경정책과 환경실태 분석을 중심으로」(통일연구원, 1995), 『남북한 환경 분야 교류협력 방안 연구: 다자적·양자적 접근』(통일연구원, 1996)이었다. 통일을 통해 실현하고자 하는 인간다운 삶은 환경적 토대의 양적, 질적 뒷받침이 없는 한 이루어질 수 없다.

환경 오염과 파괴 그리고 그것과 결부된 사회적 혼란은 오늘날 전 지구적 문제다. 남북한도 이러한 현실에서 예외가 아니다. 환경오염과 파괴가 없다는 북한당국의 선전과는 달리 북한에도 산림파괴 등 환경문제가 심각하고, 우리에게도 경제의 재도약을 이루고 생활의 질을 높이려면 환경문제의 해결은 절실한 과제다. 따라서 환경 분야에서 남북한 교류협력은 이념·체제 간 차이와 갈등에도 불구하고 상호 공통의 삶의 터전을 질적으로 개선하려는, 서로 이해에 부합하는 사안이다.

한반도가 남북한 주민과 그 후세들이 살아가야 할 유일한 삶의 터전이기 때문에 한반도 주민의 생활을 질적으로 개선하려면 남북한이 정치적 통일 여부와 관계없이 상호 교류·협력해야 한다는 당위성 외에, 환경 분야에서 남북한 교류협력의 실천성이 높은 데에는 다음과 같은 이유가 있다.

첫째, 경제력과 기술력, 체제 내적 역량을 비추어 볼 때 환경문제를 자력으로 개선할 수 없는 상황에 놓인 북한에 필요한 기술과 재정적 지원을 유리한 조건으로 제공할 수 있는 국가는 남북한 '경제공동체' 및 '환경공동체' 건설 구상에 입각해 상호 교류·협력을 추구하려는 한국이다. 둘째, 한반도의 환경문제는 지역에 따라 다소 정도의 차이는 있더라도 남북한이 모두 직면하고 있는 체제와 이념을 초월한 공통의 문제며, 따라서 환경공간을 공유하고 있는 남북한이 환경문제의 해결에 상호 협력할 때 그 효과는 더욱 제고될 수 있다. 셋째, 환경문제에 관한 상호 협력은 정치·군사적, 혹은 경제적 차원에서 일어날 수 있는 '제로섬'(zero-sum)이 아니라, '넌제로섬'(non zero-sum), 혹은 '포지티브섬'(positive sum) 분야다.

이러한 고려에서 구체적으로 남북한 환경 분야 교류협력은 다음과 같은 내용을 가지고 추진되는 것이 바람직하다.

첫째, 기술 지원으로 해당 분야에 필요한 기술을 지원함으로써 환경보호 및 자원관리와 관련 있는 북한의 국가 환경기구·조직의 능력과 기술력을 제고한다. 여기에는 소프트웨어는 물론이고 하드웨어가 포함된다. 또 환경 분야의 관리 및 전문가의 방문이나 체류를 통해 필요한 기술을 습득하게 한다.

둘째, 장비 제공으로 협력사업에 긴급하게 필요한 장비를 제공한다. 최첨단 장비보다 다소 초기 수준의 장비를 제공하는 것이 북한의 기본적 욕구를 충족시키는 데 더욱 효과적일 수 있음을 고려해야 하며, 이때 북한에 대한 전략적 기술의 국제적 금수조치에 저촉되는지를 고려해야 한다.

셋째, 자료·정보의 제공으로 국제적 고립에 따라 세계적 차원에서는 물론이고 지역적 차원에서도 기본적인 환경관련 자료·정보가 미흡한 북한에 환경관리와 관련한 자료·정보를 제공한다. 이 과정에서 자료·정보의 국제적 교류에서 북한의 고립이 지속되면 북한의 환경과 경제가 더욱 악화될 것이란 사실을 인식시킨다.

넷째, 제도혁신의 주지로 북한의 환경조직·관리·재정에 제도적인 혁신이 필수적임을 인식시킨다. 이를 위한 교육과정을 역내의 환경협력 틀을 마련해 북한이 참가하도록 한다. 참여인력들이 환경기준의 표준화, 공통의 환경용어, 공동연구 등의 필요성에 공감하게 된다면 환경개선에 영향을 줄 수 있는 구조조정을 포함한 북한 경제의 점진적 개혁 필요성도 자연히 인식하게 될 것이다.

다섯째, 재정의 지원으로 양자적, 다자적, 국제기구적 차원의 다양한 통로를 통해 교류협력에 필요한 재정을 지원한다. 남북한 환경 교류협력을 위해 필요한 재원은 '남북협력기금'을 통해, 환경부 혹은 정부의 환경 관련 특별회계 및 환경기금을 설치해 조달한다. 경우에 따라서는 환경공채의 발행도 고려할 수 있으며, 사업 성격에 따라 '대외경제협력기금'을 비롯한 환경차관 제공을 확대해 북한에 재정적 지원을 할 수 있다. 국외적으로는 ADB, WB, ODA, UNDP, GEF 등을 통해 재정지원을 모색한다.

≪전자신문≫ 2006년 3월 14일자

'녹색성장',
상생 그리고 통일

이명박 정부의 '녹색성장'은 신기술 개발을 통한 신성장동력 창출과 일자리 창출이란 개념정의의 협소성으로 인해 전 정부의 '지속가능한 발전'과 철학적·이론적으로 비교되었다. 그럼에도 불구하고 당시 '신성장동력', '일자리창출'이란 핵심 경제화두를 파고듦으로 해서 국가브랜드화되는 성과를 이루었고, 박근혜 정부의 '그린 데탕트'로 연결되었다. 북한 전역을 포함하는 녹색성장전략이 '녹색성장위원회'를 중심으로 연구·준비되었지만, 아쉽게도 펼쳐질 기회를 가질 수 없었다.

북한의 대남전략이 요동하고 있다. 경제적 어려움을 타개하기 위해서든, 북·미 관계 개선을 위한 분위기 조성을 위해서든 남북관계를 새롭게 조정할 필요성을 느끼고 있음이 분명하다. 여기에는 지난 1년 반 동안 추진되어 온 현 정부의 대북정책이 영향을 준

것도 사실이다. 지금과 같아서는 안 되겠다는 게 북한의 계산일
것이다.

　문제는 우리의 수순이다. 원칙을 지키면서도 유연한 대북정책
이 추진돼야 한다. 우리는 이미 국가 대전략으로서 대북·통일 정
책의 틀을 제안해 놓고 있다. '상생공영'과 '녹색성장'이다. 상생
공영은 한국과 전 세계가 함께 잘 살자는 것이다. 여기에 우리 민
족의 반쪽이자 머리를 맞대고 사는 북한을 제외할 수 없다. 상생
공영은 대북·통일 정책의 원칙인 것이다. 녹색성장은 상생공영의
실천방향이다. 인간, 사회, 국가가 아무리 잘 살려고 해도 공기와
물이 깨끗하지 못하고, 인간을 위한 물질적 재부를 창출할 자연
자원이 오염·파괴돼 버린다면 갈등과 분쟁이 빈발할 것이다. 녹
색성장은 인간과 자연이 '동반세계'로서 함께 잘 살아보자는 것
이다.

　「녹색성장 국가전략 5개년 계획」을 통해 우리는 이 길에 북한
도 동참할 것을 밝혀 놓았다. 군사분계선은 한반도를 두 동강 내
고 있지만 자연환경엔 정치와 국경이 없다. 황사문제, 해양오염
은 남북을 차별하지 않는다. 「교토의정서」를 피해갈 수 없고, 북
한도 이제는 검은 연기를 팍팍 뿜어내는 식의 성장이 곤란해졌다.
풍력, 태양력, 바이오에너지, 에너지 효율성, 저탄소 기술 등 모든
분야가 남북 공통 관심사다. 남북이 에너지와 환경문제 해결에
함께 노력하며 녹색성장을 추진할 때 한반도에는 우리 민족의 인
간다운 삶이 가능해진다. '한반도청정개발체제' 추진, 동·서해와
남북 공유하천은 물론 DMZ의 평화·생태적 이용 등 남북이 함께
가야 할 길은 무궁무진하다.

　상생공영과 녹색성장은 바로 민족의 먼 앞날을 바라보는 단·

중·장기적인 대북·통일 정책에 다름 아니다. 우리가 이를 구체적·주도적으로 실천하기 위해선 북한과 대화의 물꼬를 터야 한다. 김정일 위원장을 중심으로 한 현 북한체제가 우리의 협상 파트너일 수밖에 없다. 김 위원장 이후의 북한체제도 대비해야겠지만, 그래도 어느 정도 가늠이 가능한 김 위원장이 건재할 때 가능한 한 남북 간에 내실 있는 제도적 장치와 합의를 마련하는 것이 바람직하다.

상생공영의 새 남북관계를 모색하면서 그 중심에 녹색성장을 놓는 것이다. 1991년의 「남북기본합의서」, 2000년의 「6·15공동선언」, 2007년의 「10·4남북정상선언」을 원칙적으로 계승하되, 지난 정부 때 추진하다 이루지 못했거나 간과되었던 부분, 현 정부가 새롭게 추진하고자 하는 사항들을 면밀히 검토해 이를 남북 간 기존 합의들 실천을 위한 협상과 이행 과정에서 관철할 수 있게 노력하는 것이다.

남북 정상회담도 적극 고려돼야 한다. 현재 남북 사이에 놓인 문제 해결이나 새로운 남북관계 형성을 위해선 상호 간 신뢰회복이 가장 중요하다.

북한의 어떠한 특사도 김 위원장을 대신할 수 없다. 정공법으로 남북 두 정상이 만나 현재의 오해와 불신을 극복하고 함께 어려움을 헤쳐 갈 큰 그림을 그리는 것이 바람직하다.

어떻게 보면 박정희 대통령식의 성장정책에 큰 관심을 가질 김 위원장과 거기에 커다란 노하우를 가진 이명박 대통령 사이에서 의외의 큰 합의가 이루어질 수도 있다. 비슷한 연배로 파죽의 60여 년을 보낸 두 사람이 얼굴을 맞대는 것이 그 외의 방법을 통해 일어날 수 있는 시행착오를 줄일 수 있을 것이다. 실무적이고 실용적인 남북 정상회담이 열려야 하며 그것이 현재 두 정상의 스타일에도 부합한다.

남북이 상생공영과 녹색성장에 입각해 남북한 주민들이 함께 잘 살아보자는 데 의기투합한다면 이산가족, 납북자, 국군포로 문제 해결도 실마리를 찾을 수 있을 것이다. 우리 후세에게 더 큰 인간다운 삶을 실현할 수 있는 풍요로운 한반도를 물려주어야 하지 않겠나.

≪국민일보≫ 2009년 9월 3일자

남북이
함께 하는
평창 「생물다양성협약」
당사국총회

환경문제는 정치적 문제인 동시에 상대적으로 덜 정치적인 분야다. '지속가능한 발전'은 모든 국가의 화두다. 북한의 김정일도 1984년 「전국국토관리부문 일군대회 참가자들에게 보낸 서한」을 시발로 환경문제에 관심을 보였다. 2014년 평창에서 열린 유엔 「생물다양성협약」 당사국총회가 막힌 남북 간 대화의 물꼬가 되고, 한반도에 인간과 자연환경이 공존하는 데 힘을 합칠 기회가 되길 기대했다.

제12차 유엔의 「생물다양성협약」(Convention on Biological Diversity) 당사국총회가 2014년 9월 29일부터 10월 17일까지 평창에서 열린다. 「기후변화협약」 및 「사막화방지협약」과 함께 세계 3대 환경보호협약으로 불리는 「생물다양성협약」은 멸종해 가는 동·식물을 보호하기 위해 1992년 리우 데 자네이로에서 열린 '지구환경정상회의'에서 채택됐다.

협약의 목적은 생물다양성의 보전과 그것의 지속가능한 이용, 그리고 그로부터 얻어지는 이익의 '공정하고 공평한 배분'(pair and equitable sharing)에 있다. 이러한 점에서 「생물다양성협약」은 흔히 '지속가능한 발전'의 핵심문건이라고도 한다.

EU를 포함해 193개 당사국, 국제기구, NGO 등 전 세계에서 2만 명 이상의 환경 분야 전문가들이 참여하는 이 초대형 국제회의를 남북한이 함께하는 상생의 무대로 만들어야 한다. 북한도 국내의 환경문제가 심각해짐에 따라 1970년대부터 환경정책을 실시하고 있다. 1963년 국제자연보호연맹(IUCN)에 가입했으며 유엔개발계획(UNDP)과 유엔환경계획(UNEP)에도 가입해 활동하고 있다.

국제환경기구 및 회의에 대한 관심은 1990년대 들어 본격적으로 시작돼 1992년 지속가능한 발전의 원칙을 천명한 「리우선언」, 그 행동지침인 「아젠다21」, 그리고 「기후변화협약」과 「생물다양성협약」에 가입했다. 특히 2003년과 2012년에는 UNEP와 협력해 북한의 환경실태와 정책을 소개하면서 생물다양성 보전을 포함하는 다양한 분야에서의 국제적 협력을 요청했다.

지금까지의 정세를 보건대 북한이 평창의 「생물다양성협약」 당사국총회에 참석할 것이라고 기대하기는 쉽지 않다. 그러나 다른 한편으로 인천아시안게임 참가를 결정한 북한이 국제사회에 대해 더욱 적극적으로 도발적 이미지를 탈색하고 새로운 모습을 보이면서 관계 개선의 분위기를 조성하려는 차원에서, 그들이 이익을 챙길 수 있다고 판단한다면 평창회의에 참가하는 것이 불가능해 보이지도 않는다. 작금의 상황에서 남북이 서로 마주하는 데는 주저하지만 다자적 차원에서 실리를 챙길 수 있는 기회라면 굳이 참여를 거부하지는 않을 것이라고 보는 것이다.

한반도란 동일한 공간에서 삶을 영위하는 우리의 입장에서 북한과의 환경·생태적 협력은 선택이 아니라 필수적 과제이며, 북한의 평창회의 참여는 그 계기가 될 수 있다. 현재 우리는 '그린 데탕트'에 입각해 상대적으로 정치색이 옅으면서도 협력의 유인이 큰 환경 분야에서의 남북협력을 우선적으로 추진하고, 이를 바탕으로 경제, 문화, 나아가 정치·군사적 측면에서의 협력도 중층적으로 이끌어 내고자 한다. 남북한 각각이 지니고 있는 환경·생태적 능력을 시너지화해 한반도에서 지속가능한 발전을 가능하게 함으로써 한반도를 현세와 후세들이 인간다운 삶을 실현할 수 있는 공간으로 만드는 동시에, 그러한 사회를 만들어 가는 과정에서 남북관계를 개선하고 평화적인 통일의 길을 진척시켜 나가고자 한다.

현재 남북관계는 냉각상태다. 이를 풀어 나가기 위해서는 동서독 관계에서 보듯이 우리 정부가 관계 개선의 이니셔티브를 쥐고 주도해 나가야 한다. 통일 이후 동독의 환경오염과 파괴의 실상을 접한 독일은 통일 이전에 비록 상당한 재정을 투입했어야 했지만 그때 미리 동독과 환경협력을 더욱 광범위하게 적극적으로 추진했더라면 통일 이후 환경 분야의 통일비용을 크게 줄일 수 있었을 것이라는 뒤늦은 후회를 했다.

어느 포만점에 이르면 급격하게 질적 변화를 보이면서 그 회복이 극히 어려운 환경·생태적 특성을 고려할 때, 환경 분야에서의 남북협력은 향후 환경 분야 통일비용을 크게 줄일 수 있는 방안이기도 하다. 경제적 여력과 기술적 능력이 부재한 현 북한의 상황이 한반도에서 인간다운 삶을 실현하고 지속가능한 발전을 위한 남북환경협력에 우리가 주도권을 쥐어야할 또 다른 이유다.

평창에서 남북협력이 첫걸음을 시작할 수 있다면 남북관계사에서, 통일준비 차원에서 큰 의미를 가질 것이다. 한반도는 한민족이 살아가는 삶의 터전이고, 자연환경 분야의 협력은 곧 우리 삶의 터전을 지키는 가장 가치 있고 본질적인 일이기 때문이다. 인간과 인간 간의 화합의 제전인 스포츠게임에 더해 인간과 자연환경 간의 화합의 제전인 평창 「생물다양성협약」 당사국총회에서의 남북협력을 위한 국내·외적 노력이 끝까지 경주돼야 한다.

≪환경일보≫ 2014년 8월 13일자

평창 「생물다양성협약」 당사국총회에서 'DMZ세계평화공원'을 주제로 발표했다(2014.10.8).

지속가능한 한반도,
남북환경공동체와
'그린 데탕트'

2001년 『'남북환경공동체' 형성방안』(통일연구원)을 집필했다. 전년도의 정상회담을 통해 남북경제협력이 막 기지개를 켤 무렵 무슨 환경공동체냐고 의아해했다. 통일 직후 독일에서 사회복지비용 다음으로 동독의 환경정화에 통일비용이 쏟아부어진 것을 목도하고, 생태계가 천천히 변하다가 임계점에 이르면 돌이킬 수 없이 악화된다는 특성을 고려할 때 남북경제협력과 남북환경협력은 처음부터 동시에 추진되어야 했다.

환경 오염과 파괴, 그리고 그것과 결부된 사회적 혼란은 오늘날 전 지구적 문제이며, 남북한도 이러한 현실에서 예외가 아니다. 북한은 극심한 산림파괴, 두만강과 압록강의 오염 등의 환경문제를 안고 있다.

만약 북한 경제가 회생돼 산업이 제대로 가동된다면, 그들은 주요 에너지원인 석탄을 대규모로 사용할 수밖에 없을 것이다. 그러할 경우, 현재의 황사문제는 질적·양적 측면에서 차원을 달리하며 심각하게 대두할 것이다.

한편 우리도 사회구조적인 환경문제를 안고 있다. 환경의식이 사회 전반적으로 확산됐고 많은 투자가 이뤄졌음에도 불구하고 환경문제에 대한 사회구조적 접근과 대응은 제한적으로 이뤄지고 있다. 따라서 경제의 재도약을 위해서는 물론, 삶의 질을 높이기 위해 환경문제의 개선은 절실한 과제가 되고 있다.

결국 남북한에 내재한 이념적, 정치적, 경제적, 사회·문화적 차이에도 불구하고 환경 분야는 상호 공동협력을 통한 접근가능성이 큰 교류협력의 무대가 될 수 있다. 환경 분야 남북한 교류협력은 상호 공통의 삶의 터전을 질적으로 개선하려는, 서로의 이해에 부합하는 분야다. 동일한 생태공간, 생태축으로 연결된 한반도에 있어서 환경문제 해결의 노력이 남북한 공동으로 추진될 경우에 그 시너지효과를 통해 한반도 환경은 크게 개선될 수 있다.

통일은 그 자체도 중요하나 통일에 이르는 중간과정 역시 매우 중요하다. 사회 각 분야에서 교류협력을 심화시켜 나감으로써 남북한의 동질성을 회복할 수 있을 때, 통일과정에서의 부작용을 최소화함은 물론 통일한국의 잠재적 역량을 최대화할 수 있다. 이를 위해서는 통일의 전 단계로서 민족공동체의 형성이 가장 바람직한 통일로 가기 위한 징검다리이자 필수조건이다.

남북한 간 이질성을 해소하기 위해서는 각 분야에서 공동체의 형성이 요구되며, 우선 서로가 먼저 쉽게 접근할 수 있는 분야로부터 공동체를 건설하는 것이 바람직하다. 환경공동체가 바로 이와 같은 분야다. 남북한이 동일한 환경공간 속에서 살고 있고, 각각의 환경문제 외에 정도의 차이는 있으나 공통의 환경문제를 겪고 있기 때문이다.

남북환경공동체는 환경 분야에서 남북 간 교류협력의 물꼬를 트고 추가적인 환경협력사업을 개발·시행함으로써 상호 신뢰구축과 공동이익의 범위를 넓혀 남북 간 환경교류협력이 안정적으로 발전되는 제도적인 상황으로 정의될 수 있다. 남북환경공동체 형성의 목적은 남북한 각각이 지니고 있는 환경능력을 시너지화해 한반도에서 지속가능한 발전을 가능하게 함으로써 인간다운 삶을 실현할 수 있는 공간으로 만드는 동시에, 이를 바탕으로 남북 간 공동이익의 창출과 신뢰를 증진하는 등 남북관계의 틀을 새롭게 구축하는 데 있다.

남북환경공동체는 서로 다른 체제와 제도를 전제하면서도 남북한이 상호 간에 이익을 도모할 수 있는 환경 분야에서 교류협력을 활성·심화시킴으로써 남북한의 제도·질서가 질적 변화를 이뤄지는 기반 위에서 남북 주민들이 환경적 공동생활을 형성해 나가는 과정이다.

그 궁극적 목표는 한반도에 지속가능한 발전을 가능하게 해 남북한 주민들이, 그 후세들이 인간다운 삶을 실현할 수 있게 하는 데, 그리고 그러한 사회를 만들어 가는 과정에서 평화적인 통일이 가능하도록 기여하는 데 있다.

남북한 주민들이 인간다운 삶을 실현하기 위한 노력의 연장선상에서 통일이 놓여 있고, 그 과정에서 그러한 목적에 부합하도록 우리의 통일·대북정책이 이뤄져야 한다면, 좀 더 잘 살아보려는 노력의 일환으로 제기되고 있는 '남북경제공동체'의 형성과

아울러 이를 지속가능하게 할 뿐만 아니라 질적으로 보완해 주는 '남북환경공동체'의 형성이 동시에 추진돼야 한다는 것은 자명한 일이다.

남북환경공동체와 남북경제공동체의 우선적 동시 형성을 축으로 해 정치·군사적으로 신뢰회복과 화해협력하고, 문화적으로 동질성을 넓히고 높이는 일이 바로 '그린 데탕트'다. 국제사회에 에너지난을 호소하고 있는 북한의 현 상황을 양자적, 다자적 차원의 교류협력으로 이끌어 낼 수 있는 노력과 지혜가 요구되는 시점이다.

≪환경일보≫ 2014년 7월 2일자

'그린 데탕트',
국가성장과
통일환경 조성

'그린 데탕트'는 환경과 경제에만 초점을 둔 '녹색성장'을 개념적, 실천적으로 보완하는 국가전략으로 이해되어야 한다. '그린 데탕트'를 단순히 환경공동체 형성의 차원에서 고려해서는 의미가 없다. 환경공동체 형성이 경제공동체 형성을 추동하고 동시에 맞물려 형성되도록, 그리고 그것이 사회문화, 정치, 군사안보적 분야에서의 교류협력 활성화, 동질감 형성, 공동체 형성으로 진화될 수 있는 방향으로 국가전략이 입안되고 정책이 펼쳐져야 한다. 그러할 때 '그린 데탕트'는 국가전략으로로 지속성을 가질 수 있을 것이다.

국제정치에서 '데탕트', 즉 '긴장완화'는 국가 간에 화해와 상호인정을 바탕으로 서로가 필요한 분야에서 교류협력하면서 현 상황을 유지하려는 것이다. 전형적인 예가 1970년대 미국과 중국, 미국과 소련의 관계다. 제2차 세계대전이 끝난 후 전승국인 미국과 소련은 그들의 국가이익에 입각해 세계를 재편하고, 지구상에 새 지도를 만들었다.

한반도와 독일이 그렇게 분단됐다. 그러나 곧 이어진 냉전의 도래에 의해 미·소가 갈등하면서 서로는 직접 충돌하는 대신에 그들의 세력권을 넓히기 위한 노력을 전개했고 그 결과가 주변부에서 일어나 국지전이었다. 6·25전쟁, 월남전, 아프리카와 중미, 남미 등지에서 나타난 해방전쟁이 그 예다.

그러나 지속된 갈등과 대립으로 미국과 소련은 국력을 소모했고, 국민들의 피로감이 누적되고 국내외적으로 비판의 여론이 비등해지자 정책의 전환이 필요했다. 그 결과 제2차 세계대전 이후 그들이 합의한 세력권을 상호 인정하는, 즉 현상을 유지한다는 전제 아래 당분간 화해하며 서로가 관심을 가지는 분야에서의 교류협력을 시작하기로 의견의 일치를 봤다. 닉슨 대통령의 중국과 소련 방문을 상징으로 그렇게 데탕트 시기가 개막된 것이다.

우리의 '그린 데탕트'의 구상도 그렇게 시작됐다고 볼 수 있다. 남북 간에 상호 갈등과 대립이 지속됨으로 국가성장은 저해되고, 남북 주민들 간의 이질감이 높아지는 상황을 타개하기 위해 남북한이 정치외교, 군사, 경제, 문화, 환경 분야에서 교류협력의 물꼬를 틀 뿐만 아니라, 활성화해 우선 상호 평화적으로 공존하면서 공동번영을 누릴 수 있도록 하려는 것이다. 그리고 그러한 교류협력의 과정에서 북한 주민들이 우리 사회를 체감할 수 있도록 부단하게 노력하려는 것이다. 물론 동북아 지역에서도 상호 인정하고 화해와 신뢰를 바탕으로 교류협력을 다차원적인 분야에서 활성화해 평화 속에 공동번영을 모색하자는 것이다.

다만 정치외교, 군사적 측면에서는 남북 간에, 동북아 국가 간에 북한 핵문제, 영토문제 등과 같은 심각한 쟁점이 존재하는 상황에서 제도적 차원에서 교류협력을 안정적으로 발전시키기란 어려운 것이 현실이다. 이를 고려해 남북 간, 동북아 역내 국가들 간 협력의 동인을 상대적으로 쉽게 끌어낼 수 있으면서 그 협력이 지속됨은 물론, 타 분야에서도 교류협력도 이끌어 내는 파급효과를 가질 수 있는 분야를 전략적으로 우선 선택하고 교류협력을 추진하는 것이 바람직하다.

바로 그 우선순위의 분야가 환경이다. 즉 황사문제를 포함한 대기오염, 해양과 수질오염, 사막화 등의 환경문제는 동북아 역내 모든 국가들이 직면하고 있으면서 시급하게 해결해야 할 과제다. 이 환경 분야에서 교류협력의 물꼬를 트고 활성화해 상호 이익을 확대해 가면서 정치외교, 군사, 경제, 문화적 차원에서의 협력도 함께 중층적으로 모색해 보자는 것이 '그린 데탕트'의 기본 의도다.

한편 환경문제는 사실 경제문제이기도 하다. '지속가능한 발전'이 말해주듯 환경과 경제가 분리되는 발전이 더 이상 국제사회에서 용인되지 않는 추세가 점증할 것은 자명한 현실이다. 더구나 환경문제의 해결보다 경제성장에 더욱 중점을 둘 수밖에 없는 동북아지역의 현실에서 환경협력이 경제성장을 동반하면 할수록 협력의 유인이 크고 지속의 가능성도 높다. 환경의 보호와 보전에만 초점을 두는 환경협력은 현재 동북아의 상황에서는 제한적으로 이뤄질 수밖에 없다.

결국 환경 분야를 중심으로 한반도에서, 동북아 역내에서 국가 간 교류협력을 활성화하면서 환경의 개선과 보호는 물론 경제를 성장시키는, 즉 '지속가능한 발전'을 실현시키는 동시에 그러한 상호 이해와 관심을 바탕으로 정치외교, 군사, 문화적 측면에서도 교류협력을 함께 추동하려는 국가전략이 바로 '그린 데탕트'다.

이렇게 볼 때 '그린 데탕트'는 바로 '한반도 신뢰프로세스'와 '동북아 평화협력구상'이 추구하는 중기적 목표상황이라 할 수 있다. 한반도에서 그리고 동북아 역내에서 정치외교, 군사적으로는 통합수준의 제고나 공동체 형성이 단기적으로 어려운 현실에서 환경 및 경제 분야에서 교류협력이 고도화되는 공동체를 우선 형성하면서, 문화, 정치외교, 군사적 차원에서 상호 인정과 화해, 제한적인 협력이 이뤄지는 그러한 상황이 바로 '그린 데탕트'의 목표라 할 수 있다.

대한민국이 추구해야 하는 궁극적 목표는 역내 평화나 공동번영에만 머무는 것이 아니다. 그것에 더해 한반도의 통일에 있는 만큼 '그린 데탕트'는 통일 상황에 이르기 위한 과정에서 추진해야 할, 북한과 동북아 역내 국가들이 지지하고 동참하는 속에 실행돼야 할 통일도정에서의 국가전략이다.

≪환경일보≫ 2014년 12월 24일자

다짐

분단은 반드시 극복되어야 한다. 극복될 수 있다(독일 뫼드라로이트 장벽, 2011.5.14).

힘을
지렛대로
남북관계 풀자

북한은 천안함을 폭침시키고, 연평도를 포격했다. 또한 대통령을 입에 담을 수 없는 욕으로 비난했어도 개성공단의 문을 닫지 않았다. 금강산관광의 경우, 재산몰수를 위협하면서 재개를 압박했다. 우리가 가진 경제력 때문이었다. 북한을 무력으로 선제 타격할 수 없는 우리는 우리가 가진 힘, 경제력을 국가성장과 통일이란 국가목표를 위한 주 수단으로 북한에 활용했어야만 했다.

기이한 일이다. 동독공산당 서기장 에리히 호네커는 서독과 교류협력을 하면 서독의 자유민주주의 사조가 동독 주민에 영향을 미칠 것이란 사실을 알고 있었다. 그럼에도 서독과의 교류협력을 마다하지 않았다. 정치범이긴 하지만 그래도 자국민인 동독 주민들을 서독과의 협상을 통해 몰래 서독으로 넘겨주기까지 했다.

이유는 돈이다. 통치와 권력 유지를 위해 돈이 필요했기 때문에 서독색으로 물들 수 있다는 우려감 속에서도 서독과의 거래관계를 유지했다. 서독과 「문화협정」, 「과학기술협정」, 「방송협정」 등의 체결에도 응했다. 돈을 받고 자국민을 서독에 넘기는 행위가 정권의 도덕성에 치명적인 상처를 줄 수 있다는 사실을 알면서도 '정치범 석방거래'를 계속했다. 시간이 가면서 더욱 확대할 것을 서독에 요구했고, 호네커가 쫓겨나고 베를린장벽이 무너진 다음 달까지도 돈을 받고 자국민을 팔았다.

더욱 기이한 일이 있다. 동독의 맹방이었던 북한은 누구보다 교류협력에 의한 서독의 동독에 대한 영향을 잘 알고 있었다. 그럼에도 불구하고 김일성과 김정일은 우리에게 금강산과 개성이란 거대한 땅덩어리를 교류협력이란 이름으로 내놓았다. 무너질 당시 공산권에서 가장 앞선 경제강국이었던 동독이 서독의 영향을 받은 자국민에 의해 맥없이 사라지는 과정을 똑똑히 지켜보았던 북한이 대한민국으로 향하는 문을 잠근 것이 아니라, 교류협력의 손을 받아들인 것이다.

이 역시 권력의 유지와 통치를 위해 돈이 필요했기 때문이다. 상종 못할 대상이라고 현 정부를 그렇게 비난하면서도 개성공단의 문을 닫기는커녕 좀 더 많은 노동자를 고용해 줄 것을 요구하고 있고, 금강산관광의 재개를 협박·회유하고 있다.

북한은 전시 상황이다. 남한과 미국의 소위 '대북압살정책'에 대항한다는 명분으로 전 국민 총동원령을 내리고 전시체제를 운영 중이다. 그 연장선에서 천안함을 폭침시키고 연평도를 포격했다. 전시 상태에서 무력사용이란 전혀 거리낄 게 없는 자위적 행위라 주장하고 실행하고 있다. 벼랑에 몰리고 더 악화될 수 없이 어려운 국내적 상황에서 북한이 우리와 달리 선제적으로 사용할 수 있는 수단이 무력도발이다. 그것이 어찌 보면 잃을 게 없는 북한이 가진 힘이다.

우리가 가진 힘은 경제력이다. 북한보다 비교할 수 없이 크고 앞선 경제력에 북한은 큰 관심을 가지고 있다. 남북교류협력을 통해 돈을 벌고 그것을 권력유지에 활용하고자 한다. 그렇다면 남북 간 경제협력이 과연 북한당국의 체제유지와 강화에만 도움이 되는 것인가? 경제협력과 사회문화 영역에서의 교류협력은 방법과 형태에 따라 북한 주민의 눈과 귀를 뜨게 하고, 민주화시킴으로써 자유로운 우리 사회를 보여줄 수 있는 강력한 무기가 될 수 있다.

대표적인 예가 개성공단에 근무하는 5만여 명과 그들의 가족들이다. 그들이 대한민국을 체험하고 있다. 금강산관광객의 자유로운 모습이 북한 주민에게 변화의 마음을 품게 할 수도 있다. 아무리 대한민국으로부터 오는 영향력을 차단하려고 해도 개인의 생각과 판단까지 막을 수는 없다.

우리가 가진 힘, 그것을 우리가 지향하는 목표에 활용해야 한다. 한반도의 평화통일은 남북한의 주민이 합의할 때 가능하다. 북한 주민이 동의할 때 실현될 수 있다. 그 영광의 순간에 이르기까지 북한 주민들이 자신의 처지를 직시하고 판단하고 평가할 수 있도록 우리의 힘, 우리의 경제력을 남북관계에 활용해야 한다.

북한의 무력도발에 단호히 대응하는 다른 한편으로, 국가성장에 도움이 될 뿐만 아니라 우리가 원하는 남북관계의 상황을 만들어 가기 위해 우리가 가진 힘을 최대한 창조적으로 활용해야 한다. 마지막까지 최선을 다해야 할 현 정부, 그리고 향후 5년간 국가를 이끌고자 뛰고 있는 지도자들이 이를 고민하고 국민들을 이끌어 가야 한다. 우리는 우리의 힘을 스스로 묶어버려서는 안 된다.

≪국민일보≫ 2012년 8월 2일자

「5·24조치」,
국가성장과
통일?

「5·24조치」가 취해지고 만 5년이 지난다. 천안함이 폭침되고 장병 46명이 전사한 마당에 마치 아무런 일도 일어나지 않은 양 북한을 대할 수는 없었다. 아직도 피지 못한 젊은 혼들이 눈에 아른거린다. 다만 무엇이 그 혼들을 다독이고 한을 풀어줄 것인가, 무엇이 그들의 희생을 역사와 민족 앞에 의미 있게 할 것인가? 우리가 원하는 방향으로 북한을 변화시키고, 통일을 이끌어 내면서 조국을 부강하게 만드는 일이 아닐까? 도발을 자행한 북한 독재정권을 하루빨리 역사 속으로 퇴장시키는 일이 아닐까?

2015년 1월 19일 통일부는 신년업무보고에서 '남북공동위원회' 구성을 통해 문화·예술·체육·종교 등의 분야에서 광복 70주년 남북 공동기념행사 개최, 열차로 서울에서 평양을 거쳐 신의주 및 나진을 다녀오는 한반도 종단열차 시범운행, 서울과 평양에 남북

문화교류의 거점이 될 '남북겨레문화원' 동시 개설 등을 추진하겠다고 한다. 이들 다양한 남북협력사업들의 실제 이행은 「5·24조치」의 해제 여부와 맞물려 있다. 관련하여 이미 정부는 남북대화가 재개되면 「5·24조치」도 의제에 포함될 수 있다고 밝힌 바 있다.

정부의 정책, 특히 극도로 민감한 대북정책이 완전하게 투명할 수는 없다. 북한이라는 상대가 있고, 국내정치적으로도 이념적, 정책적 지향에 따라 보는 눈과 추진방법상에 견해차가 확실하게 존재하는 것이 현실이다. 전략적 모호성도 필요하고, 공개적 발표와 실제 내용 간에 차이도 있을 수 있다.

다만 분명한 것은 2010년 3월 26일에 일어난 천안함 피격사건에 따라 그해 5월 24일 우리 국민의 방북 불허, 남북 교역 중단, 대북 신규투자 불허, 대북 지원사업의 원칙적 보류, 북한 선박의 우리 해협 운항 불허를 주 내용으로 천명된 대북 제재 조치가 우리 국민 모두에게, 그것을 찬성하든 반대하든 간에 분명하게 각인되어 있는 현실에서, 여기에 대한 명확한 평가와 유효성에 대한 언급이 없이 「5·24조치」의 주 내용과 배치되는 대북정책을 펼쳐서는 곤란하다. 정책변경에 따른 국민적 동의와 지지가 형성될 수 있을지 의문일 뿐만 아니라, 국제사회도 의아하게 볼 것이다.

우리 정부가 일방적으로 「5·24조치」를 취한 것인 만큼 우리 정부가 조치를 일방적으로 변경할 수 있다. 그러나 만약에 「5·24조치」를 전환하고자 한다면 그 이유가 무엇인지 분명하게 우리 정부가 단독으로 일방적으로 밝히는 것이 바람직하다. 북한의 눈치를 보거나, 북한의 반응에 따라 내리는 결정이 아니라, 바꾸는 것이 우리의 국익에 도움이 됨을 분명하게 밝히고, 당당하게 정책을 전환하는 것이 순리이자, 국내외적으로 지지와 공감대를 형성하는 바른 길이라고 본다.

분단의 관리가 아니라 통일을 지향하는 대북정책의 추진과 남북관계 형성, 오늘날 인류 보편적 가치로 인정되고 있는 자유와 민주주의에 입각한 통일한국의 추진, 남북한 모든 주민들이 인간다운 삶을 실현할 수 있는 방편이자 과정으로서 통일 등에 남북 교류협력이 기여할 수 있다. 그렇기 때문에 평화적으로 통일하기 위해 우리 사회를 보여주고 70년간 이질화된 민족정체성을 제고시키기 위해서 사회문화 교류협력이 필요하다. 더불어 동포로서의 우리 마음을 전하고 어려움에 처한 북한 주민들에게 도움을 주기 위한 인도적 정신에서 지원이 필요하기 때문에 「5·24조치」를 전환하는 것이라고 분명하게 밝혀야 한다.

이러한 목표, 기준, 판단과 평가 없이 「5·24조치」의 해제, 혹은 명시적 해제 없는 우회적 남북 교류협력의 본격적 재개는 모두로부터 비판을 면치 못할 수 있다. 햇볕정책에 입각해 교류협력을 추진했던 측으로부터는 당시 10년간 추진되었던 남북 교류협력에 의해 북한체제가 우리가 원하는 방향으로 과연 변화되었는지, 그 기간 북한 주민들의 삶이 개선되었는지에 대한 반성 없이 지난 5년간 지속된 「5·24조치」의 시기를 잃어버린 5년, 태생부터 잘못된 정책이라고 비난될 것이다. 다른 한편으로 변화가 없는 북한과는 어떠한 형태의 교류협력도 의미가 없으며, 오직 북한의 변화된 태도, 천안함 피격과 연평도 포격에 대한 공식적 사과와 재발방지를 전제하는 이들로부터는 「5·24조치」의 폐기, 혹은 폐기 없는 교류협력은 또 다시 퍼주기요, 북한에 굴종하는 것이라고 비난될 것이다.

「5·24조치」에 대한 명확한 평가, 정책전환의 필요성에 대한 명시적 입장표명 없는 남북 교류협력의 재개, 활성화는 진보와 보수, 좌우 양쪽으로부터 큰 비난에 직면할 것이며, 교류협력 자체의 실천동력이 국내적으로도 형성되기 어려울 수 있다. 결과적으로 대한민국의 통일정책, 대북정책에 대한 국제사회의 신뢰도 흔들릴 수 있다.

통일을 지향한다는 명확한 목표, 자유민주주의에 입각한 통일한국이라는 명확한 정체성, 평화통일의 실현과정에서 필수적으로 동반되어야 할 북한 주민들의 결단과 선택, 그 통일에 이르는 전 과정에서 반드시 이행되어야 하는 국가성장에의 기여, 이들 국가이익과 비전을 위해 남북 교류협력이 필요하고 「5·24조치」의 변화가 필요하다고 당당하게 공개적으로 밝히고 우리의 정책을 펼쳐야 한다. 그리고 이에 대한 국내적 공감대와 국제적 지지를 동력으로 해 우리가 원하는 남북관계의 형성을 일관되고 과감하게 추진해야 한다.

우리가 지은 매듭을 우리가 푸는 것은 당연하다. 옳은 길을 가고 있다는 자신감을 가지고, 언젠가 이루어질 역사적 평가를 정면으로 마주보며 우리의 길을 걸어가자.

《통일신문》 2015년 1월 26일자

선진민주사회
건설과
통일의 길

北한 사람들과의 만남에서 우리 사회의 어두운 부분이 건드려지면 참으로 아프다. 북한의 인권문제를 제기하며 압박할 때 "우리나라에는 돈 때문에 자식이 부모를 죽이는 일은 없다"는 북한의 반발에 참으로 당황했다. 자유, 민주, 복지, 어느 측면에서도 비교할 바 없이 앞선 우리 사회이지만, 더욱 선진민주사회로 만들어야 한다는 절박감이 든다. 인간다운 삶을 영위할 수 있는 사회를 위해, 통일을 앞당기기 위해….

국정감사에서, 재난 발생 시 대응과정에서 우리 사회가 안고 있는 여러 가지 문제가 드러나고 있다. 약자와 소수자의 애달픈 사연도 끊이지 않고 들려온다. 이들이 민족대계인 통일준비와 무관한가? 우리가 통일을 지향하는 이유는 한반도에 거주하는 남북한 주민들이 좀 더 잘 살아보기 위해서다. 이산가족의 아픔을 극복하고, 민족적·역사적 문화와 전통을 더욱 가꾸며 이어나가고, 남북한이 힘을 합쳐 부국(富國)에 힘을 쏟아도 모자라는 형편에 민족 간의 대립으로 인적·물적·정신적으로 낭비하고 있는 현실을 타개할 수 있다. 그리고 좁게는 동북아지역 넓게는 전 지구적 차원에서 타 국가, 타 민족과 평화롭고 화목하게 번영하는 데 기여할 수 있다. 즉 민족이 좀 더 잘 살 수 있고 또한 다른 민족들이 좀 더 잘 사는 데 기여할 수 있다고 확신하기 때문에 우리는 통일을 지향하고 있다.

이러한 점에서 현재 우리가 추진해야 할 단·중·장기적 통일 및 대북정책은 바로 "좀 더 잘 살 수 있는 사회를 건설하는", "그러한 사회에, 그러한 사회건설을 위한 노력에 북한이 동참하게 하는", "우리의 이러한 노력을 국제사회가, 다른 민족이 지지하고 나아가 동참하게 하는" 노력과 맞물려 있다. 바로 이것이 현재 우리 사회의 과제다.

그러면 이러한 우리 사회의 과제를 실천하고, 그 과정에서 한반도의 평화적 통일을 이끌기 위해 우리는 지금 어떠한 방향으로, 무엇을 위해 노력을 기울여야 할 것인가? 바로 우리 사회를 좀 더 인간다운 삶을 실현할 수 있는 '선진민주사회'(先進民主社會)로 건설하는 데 모든 노력을 기울여야 한다. 선진민주사회는 민주주의가 사회 모든 영역에서 구현될 때 실현될 수 있다.

정치적으로는 대의민주주의가 정착돼야 하고, 경제적으로는 국민들이 경제적 기회에서 형평성을 가질 뿐만 아니라, 경제적 기회의 출발에서도 어느 정도 형평성을 가질 수 있어야 한다. 사회적으로는 남녀 간 성적 평등성은 물론, 재산이나 신체, 종교, 나이 등에 관계없이 모든 국민들이 동등하게 존엄성을 인정받을 수 있어야 한다. 산업현장에서는 노사가 함께 힘을 합쳐 경영과 노동에 참여하고, 비록 자연환경을 생존을 위해서 사용할 수밖에 없다고 할지라도 자연환경도 최대한 보전·보호하려는 노력을 기울여야 한다. 민주주의를 인간이 삶을 영위하는 환경요소의 모든 차원에서 확산시켜 나갈 때 선진민주사회가 이룩될 수 있는 것이다.

오늘날 앞선 민주사회로 평가되는 국가들은 지난 수세기에 걸쳐 이상과 같은 민주화 과정을 단계적으로 발전시켜 나갔다. 즉 '정치적 측면 → 경제적 측면 → 사회적 측면 → 산업적 측면 → 환경적 측면'의 순으로, 때로는 복합적으로 이룩하고자 노력했다. 그리고 현재에는 각 차원의 민주화를 좀 더 심화시켜, 보다 성숙한 선진민주사회를 만들기 위해 노력하고 있다. 반면 우리 사회는 현재 정치적 측면에서 출발해 정도의 차이는 다소 있으나 제 측면에서 민주화를 위한 기반을 어느 정도 구축했다. 그리고 좀 더 심도 있는 민주화를 복합적으로 추진해야 할 과제에 직면하고 있다.

한편 통일을 지향하는 과정에서 우리가 구체화시켜 나가야 할 선진민주사회는 이상과 같은 민주화의 구현을 우리 사회에만 국한시켜서는 안 된다. 우리는 국제무대에서도 정치적, 경제적, 사회적, 산업적, 환경적 측면에서 민주성을 확보하는 노력을 경주해야 한다. 선진민주사회의 구현을 위한 우리의 노력이 이렇게 국내·외적 차원에서 전개될 때, 우리의 선진민주사회는 '열린사회'가 돼 세계국가, 국민들로부터 동의와 지지를 받을 수 있게 될 것이다. 그리고 그러한 노력의 도정에서 한반도 통일의 여건이 조성되고, 우리가 통일을 실현하고자 의지를 가진다면 이에 대한 국제적 지지는 높아질 수 있을 것이다.

좀 더 잘 살아보기 위해, 보다 많은 다수가 인간다운 삶을 실현할 수 있는 사회를 구현하기 위해, 우리 모두, 우리 민족이 함께 노력해야 하고, 그러한 발전된 사회를 좀 더 실현해 나가기 위한 과정의 하나가 민족의 통일이라면, 우리의 통일에 대한 노력, 통일 및 대북정책이 장기적인 안목을 가지고 선진민주사회 건설의 연장선상에서 논의돼야 함은 재론의 여지가 없다.

선진민주사회의 건설과 통일을 지향하는 우리의 노력은 따라서 이러한 역사적, 민족적 소명에 따르는 '하나의 길'이다. 선진민주사회를 건설하려는 우리의 노력이야말로 통일의 현실성을 높이고, 한반도의 통일을 이끌 수 있는 통일정책인 것이다.

《환경일보》 2014년 11월 12일자

통일비전과
통일의지의
통일

인간다운 삶을 실현하기 위해 통일은 선택이 아닌 필수다. 통일은 우리 모두의 삶과 직결되어 있다. 통일은 우리의 의지와 노력에 달려 있고, 통일의 시기도 우리에게 의존한다. 독일은 통일을 잘 준비하지 못했고, 따라서 통일 이후 큰 어려움을 겪었다. 그럼에도 독일은 통일을 평화적으로 이룩했고, 통일 이후 독일을 강력한 국가로 성장시켰다. 우리가 통일을 잘 준비하고 체계적으로 추진할수록 독일보다 더 훌륭한 국가를 만들 수 있다. 우리가 누구인가?

통일된 독일은 큰 어려움을 겪었다. 많은 사람들이 통일 과정에서 경제적 고려를 무시한 정치적 결정이 통일 이후 경제·사회적으로 큰 어려움을 초래했다고 주장한다. 서독 1마르크가 동독 4마르크인 상황에서 동서독 간 화폐의 1 대 1 교환, 동쪽에 대한 대폭적인 경제지원, 동독 주민의 생산성을 고려하지 않은 높은 임금 책정 등을 예로 들었다. 통일 이후 현실적으로 부딪힌 경제적 부담과 어려움 때문에 통일을 천천히 했어야 한다는 목소리도 높다. 그러나 이들에게 묻는다. "그런 정치적 결단이 없었더라면 과연 동독인들이 서독을 받아들여 조속하고 평화적인 통일이 가능했을까요?",[1] "자기의 재산이 4분의 1, 아니 17분의 1 이상으로 줄어든다면 과연 동독인들이 통일을 원했을까요?", "서독정부의 정치적 의지와 결단이 없었더라면, 제2차 세계대전의 전승 4국 미·영·불·소를 포함한 주변국들이 '그래, 통일을 천천히 해라, 지켜봐주며 도와주겠으니 너희들이 원하는 시점에서 원하는 방향으로 해라' 했을까요?"

독일은 통일을 이룩한 이후 분단시기와는 비교도 할 수 없는 커다란 편익을 누리고 있다. 정치적으로 주권을 완전히 회복했고, 유엔안전보장이사회의 상임이사국 자리를 공개적으로 주장하고 있다. 전 세계에 당당하게 군대를 파견하고, 국력에 걸맞은 군사적 역할을 세계적 차원에서 찾고 있다. 통일 이전에는 '2등국 외교', '편승외교'라 불리며 미국의 세계정책을 거스르지 않고 따르면서 현실적 이익을 추구했던 그 독일이 2003년 이라크전에 대한 미국의 애절한 간청에도 불구하고 끝내 참전을 거부했다.

엄청난 통일비용이 소요됐지만, 그것을 바탕으로 60년대 '라인강의 기적'을 이어 이제는 '엘베강의 기적'을 바라보면서 유럽통합의 기관차 역할을 자임하고 있다. 유럽연합 27개국[2] 전체 GDP

---

1 필자는 베를린장벽 붕괴 직후 동베를린에서 서독 1마르크를 동독 17마르크로 교환한 경험이 있다.

2 2013년 7월 1일 크로아티아가 가입하여 유럽연합의 가입국은 총 28개국이 되었다.

의 28%를 독일 한 나라가 차지하고 있다. 세계경제의 기둥이 되고 있다. 옛 동서독 주민 간의 갈등도 여전히 존재하고 있지만 동쪽 출신, 그것도 여성이 7년째 연방수상을 하고 있고[3] 현재 연방대통령도 동독 출신이다. 독일의 국기인 축구국가대표팀의 감독과 주장도 동쪽 출신이 차지하곤 했다. 통일독일은 분단시절에는 꿈도 꿀 수 없었던 강력한 국가를 지난 22년 동안 건설하고 있다.

한반도에서 통일이 이루어지는 그날까지 우리는 정치적으로 자주권을 누릴 수 없다. 남북 간 경쟁구도 속에서 주변국들의 입장을 고려해야 하고, 그들로부터 영향력을 받을 수밖에 없다. 군사적으로도 자주적일 수 없다. 언제 어떠한 상황이 벌어질지 모르는 긴장 속에서 우리는 미국의 힘을 빌릴 수밖에 없다. 경제적으로도 절름발이 경제에 만족할 수밖에 없다. 남북 간 군비경쟁에 막대한 자원을 투입해야 하고, 외국의 국내투자는 제한될 수밖에 없다.

결국 통일이 돼야만 우리는 정치·군사적 자주권 획득, G7으로도 진입할 수 있는 강력한 경제력 건설과 건강한 사회문화를 꽃 피울 수 있다. 인간답게 살 수 있는 시대가 열릴 수 있다. 통일을 해야 하는 이유가 바로 여기에 있다.

통일을 이끌어 낼 수 있는 상황이 한반도에 도래한다면, 어떠한 어려움이 있다 하더라도 가능한 한 빨리 통일을 이끌어 내는 것이 민족대계에 맞는 일이다. 주변정세가 언제 어떻게 바뀔지 예측할 수 없기 때문이다. 통일을 통해서만 이룩할 수 있는 한민족 통일국가 성장을 비전으로 가지고 통일과정을 조속하게 마무리

---

3 앙겔라 메르켈은 독일 최초의 여성총리로 2005년 취임해 2015년 현재 집권 10년째에 이른다.

짓고, 통일 이후에 닥칠 어떠한 어려움도 차분하게 장기적으로 극복해야 할 일상적인 국가적 과제로 받아들여야 한다. 광복을 맞은 후 겪었던, 6·25전쟁이 끝나고 겪었던 그 어려운 삶을 우리 선조들이 은근과 끈기로 후세를 위해 꿋꿋하게 감내하고 걸었듯이….

남북관계가 진척을 보이지 않고 있다. 북한 주민들의 삶은 여전히 힘들고 어렵다. 그들의 실질적인 삶의 질, 인권 개선에 국민 모두가 동감하면서도 다른 목소리가 나타나고 있다. 바로 이 시기가 왜 우리가 통일을 해야만 하고, 통일이 우리 민족에 무엇을 가능하게 하는지에 대한 비전을 가지고 통일에 대한 국민적 의지를 모을 때다. 그리고 그 힘을 바탕으로 남북관계를 새롭게 준비할 때다.

≪아주경제≫ 2012년 6월 19일자

벽은 무너져야 한다, 무너질 수 있다(2015.3.15).